LEÇONS SUR LA LOGIQUE ET LA MÉTAPHYSIQUE

HEGEL
À LA MÊME LIBRAIRIE

Concept préliminaire de la philosophie de l'encyclopédie des sciences philosophiques en abrégé, introd., trad., notes et commentaires B. Bourgeois, 1994, 288 p.

Des manières de traiter scientifiquement du droit naturel, de sa place dans la philosophie pratique et de son rapport aux sciences positives du droit, trad. et notes B. Bourgeois, 1990, 128 p.

Écrits sur la religion (1822-1829), trad. J.-L. Georget et Ph. Grosos, 2001, 176 p.

Encyclopédie des sciences philosophiques en abrégé, présentation, trad. et notes B. Bourgeois, 2012, 620 p.

Encyclopédie des sciences philosophiques, 3 t., présentation, trad. et notes B. Bourgeois : t. 1, *La science de la logique*, 1986, 644 p. ; t. 2, *La philosophie de la nature*, 2004, 768 p. ; t. 3, *La philosophie de l'esprit*, 1988, 608 p.

Esthétique. Manuscrit de Victor Cousin, éd., introd. et notes A.-P. Olivier, 2005, 160 p.

Fragments de la période de Berne (1793-1796), introd. R. Legros, trad. R. Legros et F. Verstraeten, 1987, 112 p.

L'esprit du christianisme et son destin, précédé de *L'esprit du judaïsme*, introd., trad. et notes O. Depré, 2003, 256 p.

Leçons sur l'histoire de la philosophie, 8 t., trad. sous la direction de P. Garniron : *Introduction, bibliographie, philosophie orientale*, introd., trad. et notes G. Marmasse, 2004, 208 p. ; t. 1, *La philosophie grecque. De Thalès à Anaxagore*, trad. revue et augmentée, accompagnée d'un commentaire critique inédit des notes de Hegel et Michelet, présentation J. Farges, 288 pages (à paraître) ; t. 2, *La philosophie grecque. Des sophistes aux socratiques*, 1990, 152 p. ; t. 3, *La philosophie grecque. Platon et Aristote*, 1972, 240 p. ; t. 4, *La philosophie grecque. Le dogmatisme et le scepticisme. Les néoplatoniciens*, 1975, 360 p. ; t. 2, *Le Moyen Âge. La philosophie au Moyen Âge*, avec la reconstitution du cours de 1825-1826 d'après le manuscrit de Griesheim, 1978, 242 p. ; t. 6, *La philosophie moderne. De Bacon aux « Lumières »*, avec la reconstitution du cours de 1825-1826, 1985, 578 p. ; t. 7, *La philosophie moderne. La dernière philosophie allemande*, 1991, 406 p.

Leçons sur la logique (1831), présentation J.-M. Lardic, trad. et notes J.-M. Buée et D. Wittmann, 2007, 208 p.

Leçons sur la philosophie de l'histoire, trad. J. Gibelin, 1979, 350 p.

Leçons sur la philosophie de la religion, II, *Les religions antiques, africaines et orientales La religion déterminée*, introd., trad. et notes de G. Marmasse, 2010, 480 p.

Leçons sur le droit naturel et la science de l'état. Heidelberg, semestre d'hiver 1817-1818, introd., trad. et notes J.-Ph. Deranty, 2002, 320 p.

Phénoménologie de l'esprit, introd., trad. et notes B. Bourgeois, 2006, 704 p.

Premiers écrits (Francfort 1797-1800). L'esprit du christianisme *et autres textes*, introd., trad. et notes O. Depré, préface R. Legros, 1997, 480 p.

Science de la logique, 3 t., introd., trad. et notes par B. Bourgeois : *Livre premier : L'être*, 2015, 632 p. ; *Livre second : L'essence*, 2016, 240 p. ; *Livre troisième : Le concept*, 2016, 336 p.

Textes pédagogiques, présentation et trad. B. Bourgeois, 1990, 168 p.

BIBLIOTHÈQUE DES TEXTES PHILOSOPHIQUES
NOUVELLE SÉRIE
Fondateur : Henri GOUHIER Directeur : Emmanuel CATTIN

G. W. F. HEGEL

LEÇONS SUR LA LOGIQUE ET LA MÉTAPHYSIQUE

Heidelberg, 1817

Cahier de Franz Anton Good

Édition coordonnée par
Jean-Marie **LARDIC** et Alain Patrick **OLIVIER**

Présentation
par Jean-Marie **LARDIC**

Traduction de l'allemand par
Tatjana **BARAZON**, Jean-Marie **LARDIC**,
Alain Patrick **OLIVIER**, Henri **SIMHON**

PARIS
LIBRAIRIE PHILOSOPHIQUE J. VRIN
6, Place de la Sorbonne, V[e]

2017

Georg Wilhelm Friedrich Hegel, *Vorlesungen: ausgew. Nachschriften und Manuskripte.* Bd. 11: *Vorlesungen über Logik und Metaphysik: Heidelberg 1817*, nachgeschrieben von F. A. Good, hrsg. von Karen Gloy unter Mitarb. von Manuel Bachmann…

Imprimé en France

ISSN 0249-7972
ISBN 978-2-7116-2799-8

www.vrin.fr

PRÉSENTATION

Lorsque Hegel débute ses leçons portant sur la logique et la métaphysique au printemps de 1817, il aborde son second semestre d'enseignement à Heidelberg. Ayant retrouvé le monde universitaire qu'il avait quitté depuis l'époque d'Iéna, et bénéficiant enfin d'une vraie chaire professorale, il va pouvoir, pour la première fois, mener de front son enseignement et la publication des textes qui le sous-tendent. C'est ainsi que ces leçons sur la logique et la métaphysique – titre qu'il donnera à cette discipline pour ses cours presque jusqu'à la fin – ont été tenues par Hegel durant les semaines mêmes où paraissait la première édition de son *Encyclopédie des sciences philosophiques en abrégé*. Les leçons commencées en effet à la fin du mois d'avril s'achèveront le 17 septembre, tandis que l'ouvrage sera publié dans la seconde moitié du mois de juin, après maints atermoiements. Moment décisif donc, que celui où se manifeste dans sa maturité et l'éclat de son nouveau début à la fois, devant un public universitaire, une pensée totalement maîtrisée dans son ampleur systématique [1].

1. Lorsque B. Bourgeois a donné, en 1970, la première et seule traduction française de cette première édition de l'*Encyclopédie*, celle-ci n'avait elle-même été rééditée qu'une fois en allemand par Glockner en 1927. Le volume des *Gesamelte Werke* de cette édition ne paraîtra qu'en 2000. Cette négligence et le privilège exclusif accordé à l'édition de 1830 étaient d'autant plus déplorables que, selon les termes de Rosenkranz rappelés par B. Bourgeois dans la présentation de sa traduction des trois éditions de l'*Encyclopédie*, « cette première édition de l'*Encyclopédie* contient encore entièrement le souffle créateur de la première production. Les éditions ultérieures sont devenues, dans le développement des points particuliers, mais notamment dans les remarques polémiques et apologétiques, beaucoup plus détaillées; mais pour avoir le système de Hegel dans sa totalité concentrée, tel qu'il vint au jour avec toute la force de l'apparition primitive, on devra toujours revenir à cette première édition, et c'est pourquoi il faudra aussi la réimprimer », B. Bourgeois, « Présentation », *in* G. W. F. Hegel *Encyclopédie des sciences philosophiques*, t. 1, Paris, Vrin, 1970 [désormais cité *Encycloplédie 1*, trad. Bougeois], p. 63-64. Les mêmes termes

Celui que déjà en sa jeunesse ses amis appelaient « le vieux », a bien eu en effet l'occasion, au gré de ses expériences journalistiques à Bamberg, administratives et pédagogiques à Nuremberg, de mûrir encore, sans que diminue son vif désir de pouvoir enfin s'exprimer sur la scène du monde de l'esprit. Hegel tire alors pleinement bénéfice de tout le travail de Nuremberg consacré à la science de la logique et à maints aspects encyclopédiques. Mais ce n'est pas sans de profondes modifications que les idées élaborées en Bavière vont se voir intégrées dans la nouvelle formulation de Heidelberg. La pensée hégélienne est en constante évolution, par delà les seuils qu'on a coutume de lui fixer, et à l'intérieur même des périodes censées constituer des points de repère fixes permettant de la délimiter.

Une nouvelle preuve de cette permanente mobilité de la pensée hégélienne, au moins dans la formulation, va d'ailleurs nous être fournie par ce texte des leçons qui, se référant de manière explicite à l'édition en cours de publication de l'*Encyclopédie*, en diffère pourtant de façon notable quant à la présentation des idées et à la disposition argumentative, sans que cela soit seulement lié à la différence de style imputable aux genres distincts du manuel écrit – rappelons que c'est ainsi que Hegel a toujours envisagé le texte encyclopédique – et des leçons orales portant sur lui. Mais justement, pour bien prendre la mesure de la spécificité de ces leçons, ou des lumières qu'on en peut attendre sur la pensée logique aussi bien que sur le cheminement à son sujet durant ces années de Heidelberg, il convient d'abord de donner quelques indications sur la nature du texte qui nous a été transmis pour ces leçons d'un point de vue éditorial et sur le rapport exact de celles-ci avec le manuel encyclopédique paru à Heidelberg la même année. Nous proposerons ensuite quelques remarques concernant le contenu même des leçons, l'originalité des développements spéculatifs qu'elles recèlent et l'éclairage qu'elles nous apportent sur le cheminement hégélien.

peuvent valoir pour les leçons faites d'après ce texte au moment même de sa publication en 1817 par un Hegel enfin titulaire d'une chaire universitaire où il peut donner sa pleine mesure.

Rappelons en outre que les additions tirées par les premiers éditeurs allemands des notes de cours des étudiants de Hegel et repris en fin de volume dans la traduction de B. Bourgeois pour leur vertu explicative, se rapportent exclusivement à la dernière édition. Les explications fournies sur le texte de 1817 et livrées pour la première fois au public français, ont non seulement l'intérêt de présenter un texte homogène tiré du cahier d'un étudiant fiable, mais d'apporter une lumière nouvelle sur cette première édition de l'*Encyclopédie*, témoignant du souci pédagogique hégélien à propos de celle-ci, manuel tirant du cours sa pleine intelligibilité.

Le manuscrit à partir duquel K. Gloy a établi l'édition du texte de ces leçons, paru dans la collection des leçons de Hegel chez Meiner[1], nous a été transmis par un étudiant d'origine suisse, Anton Good, qui a suivi les cours de Hegel durant le semestre d'été 1817. Hegel lui-même a écrit à son propos une attestation datée du 20 septembre de la même année et conservée avec le texte, témoignant qu'il a suivi ses cours avec « assiduité remarquable et application »[2]. La transcription des leçons manifeste la même application qui nous a permis d'avoir à notre disposition un texte fiable, complet, présentant une bonne image de ces premières leçons détaillées sur la logique faites par Hegel devant son nouveau public universitaire. Lors du premier semestre universitaire de Hegel à Heidelberg, l'hiver précédent, ses cours portaient en effet, l'un sur l'Encyclopédie et de façon plus particulière la philosophie de la nature, et l'autre sur l'histoire de la philosophie. Durant le semestre d'été 1817, par contre, les deux cours concerneront, pour l'un, la logique et la métaphysique, pour l'autre, l'anthropologie et la psychologie.

Les leçons données à Nuremberg, telles que les manuscrits de Hegel ou les notes de cours de ses étudiants nous en donnent une idée, regroupées naguère sous le nom de *Propédeutique philosophique*, avaient constitué un excellent laboratoire d'idées. Hegel avait progressivement dégagé là les structures fondamentales de son système. Ainsi est-ce entre les années 1811 et 1813 que la tripartition encyclopédique – Logique, Philosophie de la nature, Philosophie de l'esprit – d'une part, et le schéma tripartite (au sein de l'articulation binaire) de la logique et à l'intérieur de celle-ci de la Logique du concept, avec la signification particulière de la téléologie au sein de la Logique subjective, sont définitivement adoptés. L'ouvrage détaillé sur la *Science de la logique* en ses deux tomes et ses trois livres consacrés à l'Être, l'Essence et le Concept, et paru entre 1812 et 1816, témoignait par ailleurs de l'état de maturité incontestable auquel Hegel était parvenu dans l'élaboration cette fois du contenu de cette science qu'il qualifiera bientôt d' « âme » du système.

1. G. W. F. Hegel, *Vorlesungen über Logik und Metaphysik*, Heidelberg, Meiner, 1817, mitgeschrieben von F. A. Good [désormais cité *Vorl. 1817 Good*], hrsg. von K. Gloy. Hamburg, Felix Meiner Verlag, 1992 (*Vorlesungen : ausgew. Nachschriften und Manuskripte,* Band 11).

2. « J'atteste par la présente que monsieur Anton Good, de Saint Gall, étudiant en Droit, a suivi mes leçons sur *Logique et Métaphysique* avec assiduité remarquable et application lors du semestre d'été écoulé de 1817. » Cette attestation que nous traduisons est signée G. W. F. Hegel, Professeur ordinaire de Philosophie, datée du 20 septembre 1817 à Heidelberg et est citée par K. Gloy, dans son introduction à l'édition des leçons *Vorl. 1817 Good,* p. IX-X.

Lorsqu'il tient donc, durant le semestre d'été 1817, ces leçons sur « la logique et la métaphysique », il est d'autant plus maître de sa problématique que les travaux évoqués lui ont permis également d'aboutir à la rédaction de ce manuel encyclopédique qu'il avait annoncé à Iéna dès 1803 sans avoir jamais pu lui donner forme. L'imprimé de février par lequel le cours de Hegel est annoncé pour le printemps précise bien qu'il sera fait « d'après l'enseignement de son *Encyclopédie des sciences philosophiques* à paraître prochainement »[1]. L'œuvre, inscrite d'abord au catalogue de la foire de Pâques de Leipzig (27 avril-17 mai 1817), ne paraîtra pas en fait avant juin de cette même année[2]. Mais Hegel annonce, dans une lettre du 19 avril à Friedrich Niethammer, que six feuillets sont déjà imprimés, ce qui correspond à quatre-vingt-seize pages de livre, à savoir la plus grande partie de la logique jusqu'au paragraphe 138[3]. Ce fait n'est pas sans importance car il nous permet de préciser le rapport des leçons du semestre d'été à l'édition du manuel censé leur servir de texte de référence. Si, en effet, à cause du retard pris par la publication de l'*Encyclopédie*, Hegel a dû commencer ses leçons de logique avant que celle-ci ne soit achevée, il a pu, dès les premières séances commencées le 30 avril, bénéficier du tirage des feuillets concernant le début de l'œuvre, à savoir précisément la logique. C'est pourquoi les leçons ont pu être annoncées comme liées à l'œuvre « à paraître prochainement ». Hegel se doutait qu'il pourrait disposer sinon de l'ensemble de l'*Encyclopédie*, dont la logique constitue la première partie,

1. L'annonce des leçons était formulée ainsi : « Logique et Métaphysique : Prof. Hegel, selon l'enseignement de son *Encyclopédie des sciences philosophiques* (Heidelberg chez A. Oswald), 6 heures hebdomadaires de 11 à 12 heures dont l'heure du samedi est consacrée, à partir du milieu du semestre, à une séance de conversation. » Cf. *Editiorischer Bericht*, G. W. F. Hegel, *Enzyklopädie der philosophischen Wissenschaften im Grundrisse* (*1817*), unter Mitarbeit von H.-C. Lucas und U. Rameil herausgegeben von W. Bonsiepen und K. Grotsch. Hamburg, Felix Meiner, 2000, *Gesammelte Werke*, Band 13 [désormais cité *GW 13*, p. 628].

2. La publication de l'ouvrage a eu lieu entre de début du mois de juin et le 23 juin. Hegel écrit le 25 juillet à Van Ghert : « J'ai achevé il y a quelques semaines mon Encyclopédie des sciences philosophiques à l'usage de mes cours. », G. W. F. Hegel, *Correspondance*, trad. fr. J. Carrère, Paris, Gallimard, 1963, t. II, p. 149. Mais une lettre de S. Boisserée à Goethe, toujours curieux des écrits de Hegel, précise, le 23 juin, « Les feuilles ci-jointes tirées de l'Encyclopédie des sciences philosophiques de Hegel méritent bien d'être connues de vous. », cf. *Editorischer Bericht*, *GW 13*, p. 631.

La leçon sur le § 37 de l'*Encyclopédie* ayant été tenue, pour son début, le 23 juin d'après l'indication marginale d'A. Good, *Vorl. 1817 Good*, p. 66, on voit donc qu'une grande partie des cours, notamment ceux portant sur ce qui suit le *Vorbegriff*, a pu être faite une fois l'ouvrage entier paru.

3. Cf. *Editorischer Bericht*, *GW 13*, p. 630.

du moins des six premiers feuillets constituant cette dernière, et très rapidement d'ailleurs des deux derniers feuillets (correspondant à trente pages) concernant la fin de la logique. Selon une procédure déjà pratiquée par exemple par Fichte pour la *Grundlage* de 1794, il pouvait ainsi communiquer à ses étudiants copie des feuilles imprimées, afin que le cours puisse effectivement se rapporter aux paragraphes de l'*Encyclopédie* en voie de publication[1].

Pourtant le texte des leçons s'écarte sensiblement des paragraphes de l'*Encyclopédie* auxquels il renvoie, ce qui ne peut manquer de susciter l'étonnement, comme le remarquent les commentateurs, et notamment les responsables de la nouvelle édition critique de l'*Encyclopédie* de 1817[2]. Nous reviendrons sur ces différences et sur l'importance et la signification qu'il convient de leur prêter, mais cela nous incite, en tout cas, à considérer de façon plus précise la manière dont Hegel a tenu ces leçons ainsi que leur rapport au texte encyclopédique. Il y avait plusieurs manières de procéder pour les cours universitaires. Dans le cours « *ex dictatis* », le professeur dictait le contenu de celui-ci. Il pouvait aussi faire le cours en suivant un abrégé ou un livre dont il était l'auteur ou non et d'après lequel il donnait des exemples et des explications nécessaires aux étudiants. Enfin, il pouvait de façon plus libre exposer ses idées à partir de notes de cours plus ou moins détaillées en laissant néanmoins la plus grande part aux développements oraux. On sait que Kant a, par exemple, pratiqué la seconde manière de faire, en commentant la Métaphysique de Baumgarten. Quant à Hegel, il a largement mis en œuvre les trois méthodes, mais en ne procédant à partir d'un manuel ou d'un livre que lorsqu'il l'avait lui-même écrit, ainsi pour les cours sur l'*Encyclopédie* ou sur la *Philosophie du droit*. Par contre sur la Philosophie de la religion, la Philosophie de l'histoire, l'Histoire de la philosophie ou l'Esthétique, il procédera à de libres développements à partir de notes plus ou moins développées. Mais très souvent, à Iéna comme à Heidelberg ou encore à Berlin, il enseignait en dictant avec soin, et assez lentement pour permettre la transcription par ses étudiants, un texte rédigé auparavant, en vue du cours, notamment quand celui-ci portait sur une matière pour laquelle le texte qui lui servira ensuite de référence n'avait pas encore été publié.

1. *Editorischer Bericht*, *GW 13*, p. 629. Notons que pour l'autre cours du même semestre d'été 1817 concernant pourtant aussi un moment encyclopédique, à savoir l'anthropologie et la psychologie, l'annonce indiquait que les cours suivraient seulement la dictée du professeur, Hegel sachant bien que les feuillets portant sur une partie finale de l'*Encyclopédie* ne pourraient être tirés pour les premiers mois du semestre.

2. *Ibid.*, p. 630.

Dans le cas de ces leçons de 1817, même si la publication de l'*Encyclopédie* a eu lieu durant les semaines où elles ont été professées, et si les choses avaient été assez avancées pour que l'auteur disposât dès leur début au moins de la plupart des feuillets portant sur la première partie, la logique, qui les concernait, on peut une fois de plus constater que Hegel a élaboré le texte de la leçon de logique et métaphysique aussi pour lui-même. Il a apporté du soin à la dicter à ses auditeurs, même s'il se réservait ici ou là, comme on peut le constater, la possibilité de remarques ou d'éclaircissements par des explications orales. Il ne lisait donc pas d'abord le texte des paragraphes à commenter dans les feuillets imprimés, ou l'ouvrage paru dès juin, mais envisageait à nouveaux frais la problématique qui était exposée et à laquelle certes par ailleurs les étudiants pouvaient se référer. Nous avons eu l'occasion de préciser cette manière de faire à propos des leçons de logique de 1831 faites, elles, sans aucune ambiguïté, en référence à l'édition de l'*Encyclopédie* publiée un an auparavant[1].

Dès lors, malgré la référence à l'ouvrage en cours de publication, la relative indépendance du texte des leçons peut fort bien se comprendre sans qu'il faille pour cela présupposer, comme certains, un quelconque cours préparé et emmené de Nuremberg et progressivement seulement remplacé au fur et à mesure des nouvelles rédactions et publications de l'auteur qui, installé à Heidelberg, aurait enfin eu le temps de préparer des leçons plus adaptées aux nouvelles formulations de sa doctrine. Au contraire c'est le nouveau travail accompli et ayant abouti à la première édition de l'*Encyclopédie* qui permettait à Hegel une nouvelle formulation par rapport à Nuremberg et c'est plutôt en elle que ces leçons devaient selon toute logique puiser, puisqu'il sortait juste de la période de son élaboration. Mais en même temps ce cours dicté par Hegel à ses étudiants durant le printemps et l'été 1817 présente bien déjà une sorte d'évolution par rapport aux pages publiées, tant il est vrai que la pensée vivante de notre auteur, stimulé de plus par la tâche d'enseignement qui lui tenait tant à cœur, était bien susceptible de comporter une transformation et une modification rapides dans les explications conceptuelles par lesquelles il tentait de traduire toujours mieux la vie du concept. Mais qu'en est-il de ces différences évoquées et plus généralement de la spécificité de ce texte? Nous nous contenterons d'indiquer ici quelques pistes pour rendre attentif le lecteur à certains points d'un enjeu particulier.

1. J.-M. Lardic, « Présentation », G. W. F. Hegel, *Leçons sur la logique de 1831*, Paris, Vrin, 2007, p. 8.

Si Hegel consacre donc à la logique l'une de ses premières séries de cours universitaires, portant de façon détaillée sur une des sciences de son Encyclopédie philosophique, c'est que la logique est « l'âme universelle et immanente » de toute la science à ses yeux [1]. Science particulière et universelle à la fois, la logique anime en effet tout le système dont elle est en même temps le « résultat » [2] qui témoigne de sa concrétude car elle porte finalement sur l'Idée et baigne totalement dans l'absolu du savoir dont elle vise à exprimer l'œuvre à partir de ses premières déterminations simples. Voilà d'ailleurs pourquoi elle doit, pour Hegel, prendre la place de la métaphysique ou constituera la « science spéculative la plus haute » comme « savoir de la raison par soi », selon les termes de notre texte [3].

Il est vrai que le cours de 1817, comme d'ailleurs tous ceux qui suivront sur ce thème jusqu'en 1830, est encore intitulé « Logique et métaphysique ». Mais cela n'a alors plus rien à voir avec la détermination systématique rencontrée à Iéna, avant la rédaction de la *Phénoménologie de l'esprit*, selon laquelle la métaphysique exprimait véritablement l'infini après que la logique à proprement parler eut procédé à l'auto-suppression de la pensée finie. La *Phénoménologie* ayant justement permis de montrer comment c'est à travers les contradictions de la pensée finie que s'exprimait l'infini, la nouvelle science de la pensée, *i. e.* la Science de la logique, était alors investie de la portée d'infinité, la consacrant pleinement par rapport à la métaphysique ancienne dont la méthode était ancrée dans la finitude à cause de son immédiateté et de son dualisme. Même si donc le sens systématique de la logique eût dû permettre, comme c'est le cas pour les textes publiés par Hegel – depuis la « Grande logique » de Nuremberg jusqu'à l'*Encyclopédie* dont la logique constitue la première partie – de se contenter du titre de « logique », les habitudes universitaires et les programmes des études exigeaient d'abord, à n'en pas douter, la reprise de cette terminologie, qui n'impliquait pas encore la connaissance du contenu, révolutionnaire en la matière, du système du professeur nouvellement arrivé. Mais on peut aussi dire qu'après tout, si la logique remplaçait désormais aux yeux de Hegel la métaphysique, et correspondait à qu'on attendait de celle-ci au cours de son histoire, l'explication *de* la logique en laquelle consistait les leçons était aussi en grande partie alors une explication *avec* cette forme de pensée métaphysique caractérisée par une extériorité avec ses objets qui la rendait externe à elle-même et

1. *Vorl. 1817 Good*, p. 8.
2. *Ibid.*
3. *Ibid.*

transformait alors la prétendue science de la pensée en une logique formelle, extérieure au contenu, en un organon qui n'était pas encore la métaphysique. Bref, pour que la métaphysique se réalisât vraiment comme pensée de l'absolu, il fallait que la logique elle-même s'y identifiât, et que la pensée comprît ce qu'elle était et se comprît comme l'absolu lui-même. D'où évidemment une autre conception de l'universel, non plus formel comme un cadre vide ou un instrument neutre, mais porteur, au contraire, du mouvement du singulier lui-même et constitutif de tout.

L'absoluité quêtée par la métaphysique réside bien en effet dans la pensée même qui *s'exprime* par la logique au lieu de porter sur un objet. L'ambition de dépasser les limites de la finitude est ainsi justifiée: « la philosophie est le supprimer des bornes »[1]. Mais seulement parce que « le savoir comme pur penser est lui-même infini »[2]. L'universalité connue par la logique s'identifie alors à celle de la pensée même qui se révèle par là non comme fonctionnement stérile et répétitif à propos de tout jugement portant sur tout objet, mais comme l'universel constitutif de toute réalité, l'essence que la métaphysique avait raison de chercher par la pensée, mais avait tort de croire d'une autre nature que celle-ci. La connaissance de l'universel est alors bien quelque chose d'universel qui transforme la connaissance qui se prend pour objet en un concret et en supprime dialectiquement le caractère unilatéral[3].

Les leçons de 1817 nous semblent mener de manière exemplaire cette explication avec la métaphysique et s'accommodent alors fort bien de ce double titre indiquant deux sciences dont l'une absorbe, résorbe, supprime dialectiquement l'autre. Dès lors la prépondérance nette du *Vorbegriff* que l'on trouve d'ailleurs dans toutes les leçons consacrées à la logique, semble correspondre finalement au mieux à cette situation systématique. On sait à quel point celui-ci est en effet lié à la détermination de l'enjeu de la métaphysique, de sa méthode et à sa signification dans son histoire. La meilleure manière d'introduire l'esprit à la dimension spéculative du système encyclopédique ne pouvait donc consister qu'en cette justification de l'ambition d'une pensée de l'absolu qui se mesure à une tradition qui

1. *Vorl. 1817 Good*, p. 7.

2. *Ibid.*

3. « Le savoir n'a pas d'autre contenu que soi, il est lui-même objet. » (*Ibid.*). D'ailleurs la logique échappe là à tout dualisme, celui du sujet et de l'objet comme celui de l'infini et du fini et revêt alors à la fois sa plus grande concrétude et sa plus grande universalité, ayant à faire « à l'infini dans le fini et au fini dans l'infini, ce qui est l'essentiel même », ce qui est reconnaître « le vrai », « le concept », « l'Idée », « l'universel » en toute chose, bref « concevoir » loin de la logique formelle et de toute abstraction.

l'avait revendiquée sans avoir les moyens de l'exprimer, ou à une critique qui l'avait jugée démesurée, mais en abdiquant ainsi la prétention même de penser.

C'est d'ailleurs l'insistance sur l'infinité de la pensée et la portée absolue de la méthode qui en est la vie même et s'identifie ici à la vérité, au lieu de n'être qu'un organon vide, qui constitue l'une des originalités de la présentation offerte par ces leçons. Il n'est que de comparer la première leçon déjà évoquée et se référant au paragraphe 12 de l'*Encyclopédie* avec le paragraphe lui-même pour s'en rendre compte. Là où en effet le texte imprimé se contente de remarques assez extérieures caractérisant la logique d'un point de vue épistémique en quelque sorte, la leçon, de toute façon bien plus développée, resitue dès l'abord cette science particulière dans le cercle par lequel le Concept qui s'était donné réalité et extériorité par l'effectivité de la science a fait retour à soi, constituant ainsi « l'Idée pure de la science elle-même » [1] comme contenu de la logique, élevée alors à son universalité proprement encyclopédique. La logique n'est donc pas seulement dotée de l'universalité unilatérale qui l'oppose encore à la particularité des « sciences réelles » [2] mais encore de l'universalité véritable qui fait de ses déterminations « le fondement en et pour soi de tout » [3]. Hegel peut donc bien la considérer « comme science de l'universalité concrète du Concept et de l'Idée, science spéculative » [4] et même « comme la science spéculative suprême, la théologie spéculative » [5]. Fondement des autres sciences philosophiques, elle est à la fois « l'introduction », et la « base » de la philosophie, une « partie » de celle-ci, mais comme partie porteuse de l'universel justement en même temps « pas une partie, *mais* l'âme universelle et immanente et le résultat de toute la science. » [6].

La principale caractéristique de cette présentation, outre son ampleur de ton et de propos, qui lui fait anticiper les précisons qu'apportera seulement le paragraphe 17 du texte imprimé, est bien l'insistance sur le mouvement, la circularité, le lien dynamique qui unit la logique au reste du système, bref la signification éminemment dialectique par laquelle sa particularité se supprime en l'universalité concrète que la pensée retrouve en tout être lorsqu'elle le saisit dans sa vérité, *i. e.* son concept. La considération méthodologique initiale y répond donc très précisément à la

1. *Vorl. 1817 Good*, p. 3.
2. *Ibid.*, p. 24.
3. *GW 13*, p. 25. *Encyclopédie 1*, trad. Bourgeois.
4. *Vorl. 1817 Good*, p. 8.
5. *Ibid.*
6. *Ibid.*

conception hégélienne de la méthode comme âme et vérité même du système, au plus loin de toute extériorité qu'elle pourrait encore sembler désigner.

Ainsi d'ailleurs les trois côtés ou moments selon lesquels Hegel analyse la forme du logique et qui se trouvent dans les leçons comme dans l'édition de 1817 en ce début du *Vorbegriff*, tandis qu'en 1827 et 1830 ils seront évoqués à la fin de celui-ci, sont-ils aussi, dans les leçons, l'objet d'une analyse différente de celle du texte encyclopédique imprimé, sinon par sa signification fondamentale, du moins par son ampleur et d'importantes nuances. Ainsi les développements qui vont jusqu'à sept pages par exemple pour le paragraphe 16 au lieu d'une demi-page, insistent-ils particulièrement sur les aspects méthodologiques capitaux et les opérateurs fondamentaux d'une logique dialectique où la négation et la médiation se voient investies de tout leur rôle et permettent seules de comprendre la « vraie élévation au-dessus du fini » dont parle le paragraphe 15 de l'*Encyclopédie*, ainsi que l'unité du fini et de l'infini qui, en retour, permet de supprimer le dualisme du sujet et de l'objet et donc le formalisme de la logique, d'où l'unité de la forme et du contenu soulignée ensuite.

Remarquons d'ailleurs, toujours à propos de la leçon importante sur le paragraphe 16, des développements particulièrement approfondis et novateurs évoquant le Moi comme modèle herméneutique de l'intégration dialectique de la négation par la « rationalité positive »[1], *i. e.* le Concept. Avec un ton qu'on ne retrouvera que dans les éditions ultérieures de l'*Encyclopédie*, notamment au sujet du Moi de l'unité synthétique de l'*aperception* kantienne, comme le souligne à juste titre K. Gloy[2], Hegel montre ici très bien l'inscription graduée de la négativité dans tout le réel qu'investit la dialectique, en même temps que la souveraine maîtrise qui se dégage du Moi, du sujet, de l'esprit, dans la suppression elle-même dialectique de ce négatif et son intégration caractérisant le régime spéculatif.

Mais après ces leçons consacrées à la définition de la logique puis à l'exposé de ses opérateurs méthodologiques et de leur portée dans l'absolue effectivité, Hegel s'attèle à l'examen de la métaphysique traditionnelle puis des positions philosophiques qui ont tenté de pallier ses insuffisances ou en ont constitué de radicales critiques. Or on retrouve ici notamment pour évoquer cette « science de l'essence des choses »[3] qu'est la métaphysique, vouée à sombrer en philosophie de l'entendement avant

1. *Vorl. 1817 Good*, p. 15 *sq.*
2. K. Gloy, *Einleitung*, *Vorl. 1817 Good*, p. XLIV.
3. *Vorl. 1817 Good*, p. 25.

d'être remplacée par la logique, des analyses bien éloignées de la présentation encore très extérieure du texte encyclopédique de 1817. Ainsi Hegel y met-il en œuvre, pour montrer les défauts de la métaphysique, la rationalité dialectique qui fait ressortir particulièrement bien le caractère unilatéral de ses déterminations et la nature dogmatique d'une pensée que Kant aura alors beau jeu d'attaquer. On trouve là encore, par exemple dans l'analyse fouillée à laquelle donne lieu le paragraphe 25 sur la théologie naturelle, des anticipations de ce qui sera développé à propos de sa critique par Kant dans les paragraphes détaillés des éditions ultérieures, bien loin des remarques seulement limitées aux prédicats, aux preuves et aux propriétés de Dieu de l'édition encyclopédique de 1817.

Mais c'est dans la leçon portant sur la mise en cause de la métaphysique que notre texte nous livre encore un élément menant au-delà de l'*Encyclopédie* de 1817 qui lui sert pourtant de base. Ainsi, tandis que le paragraphe 26 de l'édition imprimée mentionne à ce sujet seulement l'empirisme comme l'une des « attaques contre la métaphysique », les paragraphes 27 à 34 se consacrant à l'autre, la critique kantienne, le texte de la leçon sur ce paragraphe quant à lui mentionne, avant et outre même la critique kantienne, deux aspects en lesquels se scinde et éclate la métaphysique. Et avant d'analyser l'empirisme qui abandonne « le contenu rationnel » et prend pour ultimes l'existence finie et l'entendement [1], Hegel évoque l'attitude consistant au contraire à rejeter les « formes finies du penser » en satisfaisant la quête de la raison par le recours au sentiment, à l'intuition et au « savoir immédiat de l'absolu » [2]. Cette position du savoir immédiat, sans point d'ancrage dans l'*Encyclopédie* de 1817, se trouvera par contre, on le sait, analysée longuement comme « troisième position de la pensée vis-à-vis de l'objectivité » dans les deuxième et troisième éditions de l'*Encyclopédie* – mais cette fois *après* l'évocation de la critique kantienne-, comme tentative, bien sûr elle-même critiquée par Hegel, de sauver la raison d'un savoir médiatisé que l'on croit, à cause de la théorie kantienne, limité à un contenu fini [3].

Les leçons témoignent bien ici à cet égard d'une nouvelle élaboration de la pensée et, peu de temps après la formulation de la première version encyclopédique, mèneront, par les explications qu'elles sont censées en fournir, aux versions ultérieures. Mais dans ces leçons – comme cette fois aussi dans l'édition de 1817 et contrairement à 1827 et 1830 – la

1. *Ibid.*, p. 49.
2. *Ibid.*
3. *Cf.* § 61 *sq.* des deuxième et troisième éditions de l'*Encyclopédie*. *Encyclopdie I*, trad. Bourgeois, p. 323-342.

polémique, centrée sur Kant, à cause de l'insistance sur les questions méthodologiques, l'ancrage dans l'absolu et la circularité du processus, ne porte pas encore sur Jacobi, si bien que la remarque soulignée ne se développe pas en des paragraphes particuliers.

Mentionnons encore néanmoins, à propos de Kant justement, le fait que si, bien sûr, les analyses concernant les objets inconditionnés de la raison, et notamment Dieu, sont loin de connaître en 1817 les développements des éditions ultérieures, la leçon sur le paragraphe 25, consacré au Dieu de la métaphysique, semble receler déjà des éléments qui seront repris non tant dans les paragraphes correspondants en 1827 et 1830, que dans les paragraphes sur la critique kantienne du traitement métaphysique de Dieu, très développés cette fois alors [1].

Il s'agit donc là, loin d'une évolution termes à termes, ou paragraphe par paragraphe, d'un véritable travail d'élaboration de pensées destinées à se mouler dans le cadre des éditions successives de l'*Encyclopédie,* et qui a pu conduire, au fil de l'enseignement, à diriger le cours de l'évolution globale de ses formulations.

À cet égard, par delà les modifications structurelles entre les éditions dont témoignent les paragraphes cités plus haut sur la pensée d'entendement, le dialectique et le spéculatif, au début des leçons et du texte du *Vorbegriff* de 1817, mais à la fin du *Vorbegriff en* 1827/30, on trouve dans les explications orales données par Hegel et transcrites ici une richesse de contenu susceptible d'éclairer les paragraphes un peu formels de 1817 (§ 37) et de 1827/30 (§ 83) [2]. Ainsi la leçon sur le paragraphe 37 ancre-t-elle l'annonce des divisions de la logique dans des considérations spéculatives sur la circularité du savoir et la nature de l'Idée, qui permettent à la fois de saisir la différence de l'articulation génétique de ses parties par rapport à toute présentation artificielle extérieure et de comprendre le lien intrinsèque avec l'articulation des et aux autres parties du système encyclopédique qui confère à l'entreprise logique sa vitalité et sa profondeur, nous restituant son sens dans l'Idée. D'ailleurs on retrouve alors le ton de la leçon sur le paragraphe 17, intermédiaire entre les développements sur les trois aspects du logique et plus particulièrement le spéculatif, et la métaphysique en ses étapes, que cette logique remplace. Ce passage, sans correspondant dans les éditions ultérieures, fait le point sur le contenu de la

1. *Encyclopédie* 1827/1830, § 49-51. *Encyclopédie 1*, trad. Bourgeois, p. 309-316.

2. Les paragraphes 17 et 37 bien développés dans les *Leçons* en 1817 donnent à penser que c'est l'aspect plus fourni de la réflexion qui a pu conduire à la nécessité de mettre à la fin du texte de l'*Encyclopédie* ces trois aspects mentionnés (pensée d'entendement, dialectique, spéculatif) en 1827/1830 (§ 79-82, *Encyclopédie 1*, trad. Bourgeois, p. 342-344).

logique et son rapport en son universalité aux sciences dites « réelles » pour mettre en évidence l'universalité véritable qui est la science par delà toute particularité épistémique qui semblerait en faire une science à côté de celles de la nature et de l'esprit. Et l'articulation du savoir ici encore s'alimente à la circularité spéculative et la concrétude de l'Idée dans laquelle est resituée la dimension logique. Dans la continuité entre les leçons sur les paragraphes 17 et 37, la pensée spéculative apparaît bien comme répondant à la critique kantienne comme à l'empirisme et est donc susceptible d'assumer toute l'entreprise annoncée. Mais alors aussi on pourra comprendre que les éditions ultérieures mentionnent ces trois moments présents dans « tout ce qui a une réalité logique »[1] plutôt juste avant l'annonce des divisions de l'ouvrage puisque déjà en 1817 c'est en ayant recours, après l'analyse critique sur Kant et sur l'empirisme, à un rappel des conditions essentielles du spéculatif, mentionnées dès le début du *Vorbegriff*, que Hegel indiquera les étapes au travers desquelles cette pensée se réalise.

Il n'est pas de notre propos d'insister ici sur les éditions de la logique encyclopédique. Même si évidemment nos leçons suivent le plan de l'édition qu'elles expliquent, on pourra, au fil de la lecture, repérer néanmoins dans celles-ci quelques préfigurations des extensions conceptuelles ayant justifié des restructurations, notamment pour le premier moment de la *Théorie de l'essence*, et constater en outre, comme le fait remarquer à juste titre l'éditeur allemand, l'introduction stratégique à ce propos de nouveaux termes comme « contenu » et « loi du phénomène », manquant encore dans la première édition, mais repris dans la Théorie de l'essence en 1827/30, même si la « Grande logique » les mentionne déjà.

Pour le reste, il suffira de mentionner encore l'importance dans les leçons des allusions à Spinoza et à Schelling. Concernant ce dernier, ce texte est le premier à témoigner, après les fameuses pages de la *Phénoménologie de l'esprit*, d'une confrontation qui porte d'ailleurs surtout sur les questions méthodologiques du commencement, de la définition de l'absolu et de la suppression de la dualité, selon les termes d'une critique des positions de la philosophie de l'Identité.

On le voit, tout comme les leçons de 1831 de la fin de la carrière universitaire de Hegel, auxquelles le public français a déjà accès, les leçons de 1817 au début de celle-ci, nous offrent outre l'image vivante de son enseignement, un éclairage particulièrement précieux sur la conception de l'*Encyclopédie des sciences philosophiques* à partir des explications

1. *Encyclopédie* 1827/1830, § 79. *Encyclopédie 1*, trad. Bourgeois, p. 343.

de Hegel sur le texte publié. Ces leçons sur la première édition, en 1817, sont d'autant plus intéressantes qu'elles permettent de mesurer les indices d'une évolution entre les diverses versions et, dans le cas qui nous occupe, à propos de la science qui en est « l'âme immanente », celle qui lance le mouvement et ancre dès l'abord dans l'absolu du savoir la pensée philosophique, indissociable par là-même – et le texte des leçons y insiste dès le début – des sciences réelles de la nature et de l'esprit dont le lien avec la logique, dans le cadre du syllogisme encyclopédique, est seul à même d'y révéler l'Idée et donc de permettre de comprendre l'effectivité.

Au nom du groupe du *Centre Atlantique de Philosophie Allemande* qui a travaillé sur ce texte, je remercie vivement monsieur Denis Arnaud et madame Anne-Marie Arnaud qui, avec Jean-François Courtine et Emmanuel Cattin, auxquels va ma sincère reconnaissance, ont soutenu, dès le début, ce projet, et ont manifesté une grande patience quant au délai nécessaire pour sa réalisation. L'évolution de carrière de chacun a en effet exigé quelques adaptations du travail. Si la traduction a d'abord été assurée par Tanja Barazon (Concept), Ari Simhon (Essence) et moi-même (Concept préliminaire, Être), Alain-Patrick Olivier a assuré avec moi l'harmonisation définitive et la révision du texte. Je me réjouis que cet ouvrage puisse paraître deux cents ans après que les leçons qu'il restitue eurent été tenues par Hegel à Heidelberg et à l'occasion, en quelque sorte, du bicentenaire de la publication de l'*Encyclopédie des sciences philosophiques* dans sa première version.

Jean-Marie LARDIC

LEÇONS SUR LA LOGIQUE ET LA MÉTAPHYSIQUE

prononcées par Monsieur le Prof. HEGEL d'après son
Encyclopédie des sciences philosophiques
au semestre d'été 1817
[à Heidelberg]

Franz Anton GOOD
étudiant en droit

| [CONCEPT PRÉLIMINAIRE] 3

Ad[1] § 12

1. C'est le propre de la logique et de la philosophie en général que le concept[2] de cette science soit son propre et ultime résultat. Car la science effective est l'être-là ou la réalité de ce concept; la vérité et le résultat ultime de cet être-là, c'est qu'il se résout dans son concept et que surgit cette essence qui est la sienne. Cet être-là, retourné en son concept, est la pure Idée[3] de la science elle-même, parce que le contenu de la logique est les pures pensées ou bien en soi le concept comme tel.

Incipit 30 avril 1817. Temps très froid. – 1er mai. Beau temps. Introduction orale

2. La tâche de la logique fut en outre formulée dans la question: «Qu'est-ce que la vérité?» La vérité se détermine d'abord comme adéquation de la représentation subjective ou [de la] pensée et de l'objet[4]. Mais dans la mesure où l'on se représente le penser comme quelque chose de simplement opposé à l'objet, il n'y aurait alors pas à le considérer dans son unité avec celui-ci, mais pour soi comme penser subjectif, et la Science de la logique est d'abord la science du penser.

3. Le penser est le savoir dans son identité simple avec soi ou la libre universalité elle-même; c'est un abstraire, dans la mesure où sa liberté et simplicité est un supprimer[5] de la diversité et de l'immédiateté.

1. Renvoi aux paragraphes correspondants de l'*Encyclopédie*. Le lecteur pourra remarquer que les paragraphes ne sont pas tous systématiquement repris dans le cours.

2. *Begriff.*

3. *Idee.*

4. *Gegenstand.*

5. *Aufheben.*

Quand j'ai devant moi quelque chose de sensible, alors j'intuitionne ; mais ce n'est pas encore du penser. C'est un être-l'un-hors-de-l'autre[1] et l'un-à-côté-de-l'autre[2] de divers objets ou caractères. Il n'y a aucune identité présente ; c'est quelque chose de concret, non pas d'universel. Mais le penser exige unité, rassemblement
4 d'un divers ; par exemple, quand je dis : « homme », je pense | déjà quelque chose, parce qu'ici j'ai lié en une unité différents caractères dans la conscience, sans que mes sens ne sentent seulement ces caractères. – Dans chaque abstraction je pense ; par exemple le bleu est dans l'intuition un être-l'un-hors-de-l'autre ; si je saisis le simple concept d'un objet, par exemple [l']animal en tant qu'animal, alors je pense. La pensée est libre, – donc pas liée à l'objet[3], quelque chose de purement passé dans la subjectivité. – L'uni-
2 mai versel n'existe que dans le penser. Le penser supprime le divers, il est donc un abstraire, un supprimer de l'être-l'un-hors-de-l'autre, un abandon de ce qui n'appartient qu'à la forme du vrai. Mais le vrai ou l'essentiel n'est pas supprimé[4] par le penser.

L'immédiat est supprimé par le penser. Cet immédiat devient par le penser un autre ; par là surgit donc une médiateté qui ne s'est formée que par l'abstraction de l'immédiat. – Le penser est liberté. Je ne suis libre qu'en tant que je pense. – Cette universalité du penser est l'élément de la logique. C'est un élément pur, séparé de toutes les fins et de tous les objets finis et temporels. Pour s'élever à cet élément, il est nécessaire de s'élever complètement au-dessus du sensible dans l'éther du spirituel, du purement universel.

4. *Je pense*, et penser est une de mes activités, mais bien plus je suis pensant.

Penser est une manière particulière pour quelque chose de devenir ce qui est mien. Par représentation et intuition quelque chose devient le mien. – La logique doit indiquer les conditions selon lesquelles quelque chose devient mien, donc les formes du penser. On englobe alors d'une certaine façon la psychologie dans le domaine de la logique, ce qui arrive souvent, particulièrement à l'époque actuelle. – On considère comment nous pouvons obtenir

1. *Außereinandersein.*
2. *Nebeneinandersein.*
3. *Objekt.*
4. *Aufgehoben.*

la justesse des représentations et sensations, dans la mesure où nous devons maintenir l'âme dans un état | où les objets s'offrent à elle 5
comme ils sont en soi.

On fait donc du penser une activité qui devient la mienne aussi bien que se représenter et sentir. Le *Moi* est absolument libre ; c'est le penser lui-même, la plus pure abstraction. Par *Moi* chacun entend quelque chose de particulier. Mais il exprime en même temps quelque chose d'universel en tant que le *Moi* échoit à chacun, comme lorsque quelqu'un dit : « *celui-ci* », « *celui-là* », etc. ; car cette expression échoit à chacun. On dit que Dieu serait l'ineffable, ce qui s'avère radicalement inverse. Seul l'universel peut être exprimé ; mais comme Dieu est justement l'universalité suprême elle-même, c'est même le seul qu'on peut exprimer. – Je n'ai pas diverses activités, dont l'une est le penser, mais le penser est l'activité elle-même, il est le *Moi* comme tel. [Le] *Moi* est la base de l'essentiel de toutes les déterminations.

5. Tout intuitionner, représenter, désirer, vouloir, etc. est par essence penser. Ces activités ont pour fondement *Moi*, la relation universelle et absolue de moi à moi-même ; elles sont différentes du penser, dans la mesure où leur contenu n'a pas pour moi la forme de l'universalité de ce qui est mien.

Ce n'est pas parce que je ne sais pas que je pense, que je suis pour autant non pensant. Même en dormant et dans l'état inconscient, l'homme est sans cesse pensant. Il ne lui manque dans ce cas que la conscience du penser.

En tant que j'intuitionne, je suis extérieur à moi. Par le penser, le pensé a pénétré en moi, et ce qui a pénétré n'est plus rien d'étranger à moi, mais il est devenu mon bien.

Le penser est le fondement absolu du pensé.

6. L'essence de la nature inconsciente est de même l'universel ou la pensée simple.

3 mai, pluie et temps froid

La nature est en soi l'Idée ; mais dans son apparition[1] elle est un être-l'un-hors-de-l'autre, l'un-à-côté-de-l'autre. | La langue alle- 6
mande apparente la chose et le penser[2].

1. *Erscheinung*.

2. *Ding* (chose) et *Denken* (penser) ont été fréquemment rapprochés par Hegel et d'autres philosophes allemands, notamment pour dire que le langage lui-même reconnaît que c'est la pensée qui fait toute la substance, la valeur de la chose.

Les lois de la nature sont immanentes à la logique et constituent son essence.

7. Dans la logique scientifique, on ne prend pas le penser dans la figure seulement consciente de soi ni extérieure à soi, mais on le considère en et pour soi avec cette signification de son universalité selon laquelle il est aussi bien subjectif qu'objectif. Mais, de façon plus précise, le penser déterminé est identité de l'universel et du singulier, le *concept*, et [cela] dans la totalité de ses déterminations, de sorte qu'un des côtés est lui-même le concept et l'autre sa réalité adéquate. Le contenu de la logique est par là concret, il est en somme l'Idée, c'est la vérité dans sa forme pure.

Le penser a la signification d'être subjectif et objectif. Quand nous disons que la logique est idéalisme, nous entendons par là qu'elle comprend aussi en soi tout être. – Si l'on oppose [le] penser au concept, il s'agit alors d'une simple forme. Ce n'est que saisie dans son essence que la logique a affaire au concret, et même au plus concret, au plus universel – à l'infinité dans le fini et au fini dans l'infini, qui est l'essentiel lui-même. Ainsi le penser ne se présente-t-il donc plus comme pure forme, et la logique perd le caractère de théorie du purement abstrait.

Concevoir quelque chose, comprendre vraiment quelque chose, veut dire connaître le concept, l'Idée – son universel.

La logique est par là le savoir de soi de la raison ; la raison est sans borne et infinie, et le savoir comme penser est la propre forme infinie de celle-ci. La philosophie en elle-même n'est donc pas un simple effort vers la vérité, laquelle demeurerait un au-delà pour elle. L'Idée universelle contient en outre en soi tout le particulier ; et la finité de la science et la perfection plus ou moins grande du savoir rationnel en général concernent seulement l'aspect selon lequel il s'étend plus ou moins dans le fini.

7 | On parle de bornes de la raison humaine comme signe d'humilité. Seulement la raison est en soi et pour soi sans borne, elle est l'absolu, l'Idée en soi elle-même. La philosophie est le supprimer des bornes. Puisque nous en parlons, nous sommes déjà au-delà de celles-ci. L'animal ne peut pas les dépasser, il est borné. Le savoir comme pur penser est lui-même infini. [Le] savoir est [le] penser, limité toutefois il se présente comme sentir, vouloir, etc. Le penser pur est la forme infinie de la raison. La raison n'est pas quelque chose de mort, mais de vivant, qui se meut sans cesse soi-même. Dieu en tant que l'infini est le vivant. Le savoir n'a pas d'autre contenu que soi, il est lui-même objet. – Par le fait même que nous

avons le savoir du but de la philosophie, ce savoir est déjà un au-delà.

La raison se sait [comme] quelque chose [de fini] selon l'affirmation de ceux qui disent que l'homme ne pourrait rien savoir de quelque chose de plus élevé, de Dieu. Leur humilité devient ainsi fière, parce qu'ils affirment cela et s'attribuent par là quelque chose de particulier, à savoir la connaissance de l'impossibilité de cette connaissance.

Mais la connaissance de l'universel, comme nous la comprenons, est quelque chose d'universel et par conséquent l'affirmation à ce propos n'est en aucune façon une fière prétention.

Les sciences ne se rapportent toujours qu'à quelque chose de fini, en tant précisément qu'ici le singulier d'une sphère est ramené au concept et qu'on doit l'en déduire. On devrait étudier toute science de façon philosophique, c'est-à-dire qu'on devrait la ramener à son Idée et déduire à partir d'elle.

Ce sont les pensées et formes de pensée abstraites familières à chaque conscience qui constituent la matière logique. Mais on ne les considère pas simplement dans leur déterminité et justesse formelles, mais selon l'essence, [pour savoir] si elles sont vraies.

La matière logique n'est rien d'autre que les formes abstraites du penser, par exemple les concepts d'être, de possibilité, etc. Ce sont ces formes de pensée qui régissent l'univers et | en constituent 8
l'essence. Elles sont tout à fait familières, parce que nous vivons constamment en elles. Nous ne les tenons habituellement pas pour l'essence, mais les tenons simplement pour les formes du penser.

L'ontologie et la logique pure se sont jadis occupées de ces formes, mais sans les regarder comme l'essence elle-même, et la soi-disant logique naturelle n'était liée qu'au sentiment de la raison, aux déterminations et formes abstraites. Les formes de pensée sont la matière de la logique. Dans la logique on n'examine pas seulement leur être-là, mais aussi leur vérité.

6 mai. Très beau temps

Celle-ci était autrefois présupposée. – La logique est pour nous une métaphysique naturelle. Quiconque pense la possède. La logique naturelle ne suit pas toujours les règles que l'on présente dans la théorie pour [la] logique ; celles-ci foulent souvent aux pieds la logique naturelle.

La signification plus précise de la logique est donc,

1. d'être la science du penser, de ses déterminations et lois en général,

2. [une] introduction à la philosophie comme le fondement des sciences réelles de celle-ci comme de toute science, cependant

3. non pas un philosopher hors de la philosophie, mais [une] partie de celle-ci, à savoir l'universelle, mais justement pour cela

4. non pas une partie, mais plutôt l'âme universelle et immanente et le résultat de toute la science et

5. comme science de l'universalité concrète du concept et de l'Idée : science spéculative,

6. comme la suprême science spéculative, la théologie spéculative.

[Les] lois sont l'absolu de l'effectif : l'universel séparé des choses. Si nous connaissions les lois du système solaire, nous aurions connu son essence, même si aucun soleil ni aucune étoile n'existait.

9 Il faut comparer la logique à l'arithmétique, qui ne | contient que l'universel de la mesure et se trouve au fondement de tout. Il y a une arithmétique de la musique et celle-ci constitue son essence.

On a mainte fois essayé de philosopher en dehors de la philosophie, dans la mesure où l'on croyait devoir présupposer quelque chose qui n'ait pas d'abord été fondé par la philosophie, pour philosopher sur ce sujet ou par son intermédiaire même. – Toutefois on régressait ainsi dans le savoir.

On commence à philosopher avec la logique, parce qu'elle est l'universel et que tout penser y a sa racine. Ce n'est que par là qu'il reçoit sa solidité.

L'esprit avisé, en énonçant un universel, a énoncé quelque chose qui contient en même temps en soi le concret. Sa proposition est confirmée, vérifiée et affinée par une longue expérience. Un autre peut énoncer la même proposition, mais ici cela ne contient que quelque chose d'universel, coupé du concret.

La logique contient ainsi donc quelque chose d'universel. L'Idée est quelque chose d'essentiellement spéculatif. Le vrai dans son extrême profondeur est Dieu. Mais Dieu contient l'absolument concret et spirituel.

La logique commence avec la détermination simple de l'absolu ; mais ces déterminations se concentrent toujours davantage. Ainsi la logique présente-t-elle tout d'abord l'essence de l'absolu. Le résultat de la logique est alors la science du purement essentiel.

Ad § 13

> L'universel n'a absolument aucune vérité en tant que simplement universel, mais seulement en tant qu'il est en même temps un concret.

6 mai. Très beau temps

La déterminité simple, abstraite est ce qui relève de l'entendement[1], lequel est comme universel le premier moment nécessaire et sert de fondement aux autres, mais passe comme quelque chose d'immédiat et de déterminé essentiellement dans [l']autre.

| Les déterminations simples, qui n'ont que la forme abstraite de l'uni- **10**
versalité et dont le contenu peut être complètement sensible ou également spirituel, par exemple le bleu, la maison, l'homme, le droit, la grandeur, le positif, le fini, l'infini, etc., sont en partie des représentations seulement générales[2], en partie des pensées abstraites et des déterminations de réflexion. C'est à tort qu'on les appelle habituellement des concepts.

> Ces déterminations abstraites ne sont pas à proprement parler des concepts mais seulement des déterminations ou des représentations générales. Le concept est cependant essentiellement le concret. Nous pouvons certes élever aussi ces déterminations à des concepts; comme simples déterminations générales, abstraites, ainsi qu'on les prend habituellement, elles ne sont pas des concepts, que leur teneur[3] provienne d'intuitions sensibles ou de la raison. Seul l'entendement s'occupe de ces représentations générales.
> Quand nous disons : « Dieu est l'être suprême »[4], la représentation de Dieu n'est alors rien d'autre qu'un déterminer abstrait de la divinité, un Dieu d'entendement. Mais la vitalité[5] propre, le vrai concept, n'est par là pas présent.

L'entendement admet, en particulier dans l'opposition de la détermination de réflexion, par exemple, le fini et l'infini, le positif et le négatif, la cause et l'effet, etc., comme quelque chose d'ultime; il est par

1. *Das Verständige.*
2. *Allgemein :* le terme peut être traduit suivant le contexte par « général » ou « universel ».
3. *Gehalt.*
4. *Das höchste Wesen.* – Nous sommes contraints ici de traduire le terme *Wesen* par le mot *être,* que nous réservons autrement pour traduire *Sein.*
5. *Lebendigkeit.*

conséquent toujours dualiste et exige dans une détermination de réflexion l'abstraction de son autre ; le borné et fini vaut toujours comme absolu.

Le caractère[1] de l'entendement est de s'en tenir fermement aux opposés. Ainsi il ne reconnaîtra jamais l'essentiel. Il peut bien parler de l'infini et du fini. Seulement ceux-ci ne sont pour lui rien de vivant, de concret, mais uniquement des déterminations générales, abstraites.

Le fini ne peut être conçu sans l'infini et inversement. L'un conditionne l'autre. De même cause et effet sont des concepts réciproques.

11 | *Ad* § 15

[1.] Il ne faut pas prendre la dialectique comme quelque chose qui aurait son siège en une réflexion extérieure, mais elle est la nature intérieure propre des choses.

La représentation commune est que la dialectique serait un art et même un [art] extérieur, arbitraire. On l'a considérée naguère comme identique à la sophistique, la confusion des concepts. – Mais elle se différencie de la sophistique par le fait que cette dernière ne s'occupe que de produire une apparence de la vérité, tandis que la dialectique s'occupe de l'essence elle-même et non pas seulement de l'apparence.

Le dialectique consiste en ceci qu'est posée la négation, qui contient en soi le borné et fini. Le fini se montre ainsi comme une relation[2] à l'autre ou [dans le fait] que l'autre de lui-même réside en lui, par quoi il se supprime. Le dialectique est rationnel, parce qu'il présente la totalité[3], mais seulement dans une relation négative.

Le moment dialectique consiste en ce qu'il arrache l'étant à son repos, il sépare le négatif du positif.

2. Le dialectique est de façon générale le moment de la médiation[4] dans le connaître et en tout. Tout rationnel – parce qu'il est concret – contient en soi la médiation ; le savoir immédiat est la sensation et l'intuition, le

1. *Charakter*.
2. *Beziehung*.
3. *Totalität*.
4. *Vermittlung*.

percevoir sensible en général et en outre le penser abstrait et l'entendement dans son opinion, pour autant que manque à celui-ci la conscience de sa propre abstraction, *i. e.* pour autant qu'il fait lui-même abstraction de la propre activité de sa médiation.

Nous n'accédons à la conscience de l'infini que par le supprimer du fini.

3. Dans la science, le dialectique en son essence déterminée est en tant que le mouvement progressif s'autodéterminant du concept, mais dans tout il est l'âme motrice et vivante, que ce soit comme | processus extérieur ou 12
comme pulsion[1], besoin et activité propre. Dans le réel, il se présente par exemple comme le temps, comme mouvement, comme le processus et la subjectivité vivante, mais dans l'esprit c'est [le] *Moi* lui-même qui est le dialectique, qui s'extériorise comme autodétermination, douleur, pulsion, activité, etc. Toute vitalité consiste à poser en soi une contradiction interne et à la supprimer. Le dialectique est de façon générale la puissance absolue dans son activité.

La dialectique se présente dans tous les êtres du monde comme dans chaque conscience ou penser; par exemple, la feuille perd sa couleur verte, les générations de tous [les] animaux et de toutes les plantes changent et disparaissent. Le germe de la mort et du changement des choses, c'est leur moment dialectique. Le simple mort serait le non-dialectique, ce qui relève purement de l'entendement. – Le changement mécanique est un changement dépendant de quelque chose d'extérieur. Mais l'essence qui doit subir un changement doit en être capable. Ce qui provoque le changement est alors quelque chose d'extérieur, les changements de la nature ne sont par conséquent qu'une dialectique extérieure. – De purs changements, qui proviennent de l'essence elle-même qui se détermine et se meut, sont alors une dialectique interne. La raison doit se réaliser, se déterminer, pas simplement être quelque chose de mort en moi, elle doit accueillir l'extérieur et le rendre vivant en soi, et tel est son moment dialectique.

Le temps est la négativité pure *in abstracto*, il est une pure abstraction.

La dialectique est donc mouvement; *in concreto* c'est un processus, par exemple dans la chimie. Son effort vise à anéantir l'être-là ou ce qui est présent et à passer dans un autre; en chimie prend fin, par

1. *Trieb.*

exemple, l'état présent des corps, leur forme actuelle est détruite et passe en une autre. Mais la vie est durée continue, elle ne reste pas dans l'état de repos, elle est toujours mouvante. Le vivant se pose soi-même des besoins.

Tout mouvement procède d'une douleur, *i. e.* d'un besoin; plus grand est celui-ci, plus grande est alors l'activité.

13 | Le dialectique est le pouls de la vie en général. Le dialectique se rapporte à l'entendement comme l'inconséquence à la conséquence. L'entendement est limité et borné. Le dialectique dépasse toute borne, ne s'accroche à rien et apparaît donc en général comme une inconséquence. Par exemple, l'arbre n'a d'abord ni feuille ni fleur, paraît mort, puis il commence à porter feuilles et fleurs et rameaux, mais ceux-ci changent, les feuilles et les fleurs perdent leur couleur, se fanent et fruits et graines prennent leur place; ainsi ce changement, la dialectique, dépasse-t-il toute limite[1], devient inconséquence.

8 mai, très beau temps

Le droit est borné[2] parce qu'il est enfermé par l'entendement dans des bornes[3]. La grâce, l'acquittement, etc., sont au-delà des bornes du droit; ici cesse le droit comme limitation[4] et survient l'inconséquence. C'est une expression[5] du dialectique.

Dans tout l'univers se présente l'esprit du monde, le dialectique y apparaît partout dominant, comme dans l'histoire où toutes les formes changent et muent. L'esprit du monde est au-dessus de toutes les bornes, donc complètement dialectique.

Le dialectique n'est donc pas un simple disputer, il ne repose pas seulement sur l'apparence et le mensonge, mais son essence consiste à nier le borné et détruire la borne, pour créer de nouvelles bornes.

Le dialectique appréhendé comme négatif apparaît comme une puissance[6] effrayante, purement destructrice; pourtant, envisagée comme du positif, elle est le rationnel lui-même.

Le scepticisme se rattache au dialectique.

1. *Die Grenze.*
2. *Borniert.*
3. *Schranken.*
4. *Beschränkung:* on traduit ici par « limitation », mais le terme se réfère à la *borne,* (*Schranke*).
5. *Äußerung.*
6. *Macht.*

4. Le scepticisme est la dialectique scientifique abstraite qui n'obtient partout que le néant vide pour résultat. Il n'est pourtant pas simplement un doute sur la vérité de quelque chose avec | la pensée et l'exigence de 14
dissoudre le doute, mais plutôt le désespoir à ce propos, *i. e.* la certitude de pouvoir venir à bout de toutes les déterminations qui doivent être fixes, le scepticisme antique plus précisément dans la perspective que la pure certitude inébranlable d'elle-même ne peut procéder pour la conscience que de l'ébranlement de tout étant et fini déterminé, le [scepticisme] moderne, au contraire, dans la perspective de la vanité, à savoir anéantir le connaître scientifique du divin et vrai, – borner inversement la vérité aux faits de la conscience empirique, c'est-à-dire à la sphère d'un savoir fini et contingent.

> Le scepticisme n'a pas d'autre résultat que le néant vide. Le scepticisme antique s'en est pris à ce qui se trouve immédiatement devant moi ; par exemple il nie que le miel soit sucré, la pierre dure, le feu chaud, etc. Ils disent : « On ne peut pas dire : « *c'est* », mais seulement : « *cela paraît* » ; son résultat est donc le néant. Le scepticisme n'est pourtant pas simplement un douter, mais encore un désespérer. Dans le douter, l'espoir ou l'attente de pouvoir lever le doute est encore présent. – Si le sujet perd même cet espoir et cette attente, alors surgit un désespoir.
>
> Le scepticisme antique est né d'une affirmation inébranlable, selon laquelle il n'y aurait aucune vérité pour la conscience empirique.
>
> Le scepticisme moderne, en revanche, admet comme vérité la certitude sensible et conteste au contraire toute connaissance et vérité du spirituel et du divin élevé au-dessus de la sensibilité. Ce scepticisme a procédé en partie de la philosophie kantienne.

Le scepticisme est le moment logique du dialectique.

9 mai
– temps très chaud,
mais humide aujourd'hui 15

5. Le scepticisme est bien opposé à une philosophie dogmatique, mais il ne s'oppose pas à une philosophie spéculative, | il constitue, au contraire, un moment immanent de celle-ci. Mais c'est justement pour cette raison que le scepticisme réside dans la forme ; car celle-ci comprend le résultat dialectique dans sa vérité déterminée.

> Le scepticisme a pour soi le préjugé selon lequel il serait invincible. Il est contre la dogmatique et par là contre la métaphysique antérieure.

Ad § 16

1. Le spéculatif est le positivement rationnel en général, en tant qu'on peut le penser dans sa différence déterminée. Chaque concept est, en tant que concept, spéculatif, et il n'y a pas de concepts simples comme tels. Le contenu spéculatif se rencontre dans la représentation de chaque conscience. Dieu, par exemple, est le contenu le plus spéculatif et cela avec la signification indéterminée, pourtant explicite, qu'il doit l'être dans la mesure plus précisément où en lui tout est contenu et toutes les contradictions doivent être résolues.

> La rationalité positive est ici opposée au dialectique, mais le négatif y est aussi contenu; le positif est positivement rationnel dans sa forme absolue. Mais on ne peut pas avoir de raison sans entendement. Par la suppression de l'entendement, on n'entend pas l'absence d'entendement[1].
>
> Spéculer signifie concevoir. La spéculation ne porte pas simplement sur des représentations, mais plutôt sur l'essence et le concept. – Dieu est le concept le plus spéculatif, en lui toute variété, toute contradiction s'accorde. Dans son identité se résout tout opposé. La résolution de la contradiction est affaire d'unité, mais pas *in abstracto*. La contradiction n'est pas résolue par le fait qu'en elle quelque chose se trouve nié. Quand les mets sont assimilés, la faim surgit à nouveau et la contradiction n'est pas levée entre l'assi-
> 16 milant | et l'assimilé. – Considérer quelque chose de façon spéculative veut dire le saisir dans sa vérité.
>
> La justice est la puissance absolue sur le fini. La bonté est la persistance de l'absolu dans le fini.

[2.] Dans la représentation cependant, ou bien l'on admet la variété d'un tel contenu dans un substrat comme une simple extériorité[2], comme une juxtaposition et succession[3], ou bien, dans la mesure où l'entendement saisit l'objet déterminé, il le laisse se scinder, et les opposés doivent n'être, pour une part, que des aspects divers de la chose[4], et pour une part, la

1. Formule très forte : *Mit der Aufhebung des Verstandes ist kein Unverstand verstanden.* La suppression dialectique se distingue d'autant plus de la négation pure et simple, ou de l'absence.

2. *Außereinander,* littéralement : « l'un-en-dehors-de-l'autre ».

3. *Neben- und Nacheinander :* si on traduisait littéralement, comme on a pu le faire plus haut, cela donnerait : « comme un à-côté-l'un-de-l'autre et l'un-après-l'autre ».

4. *Sache.*

contradiction ne doit absolument pas tomber dans la chose, mais dans la réflexion extérieure, dans le penser, où réside alors cette contradiction. Mais parfois il faut aussi bien que la contradiction ne puisse pas être pensée ; c'est admis comme un fait, puisque le fait opposé se produit bien plutôt dans cette affirmation elle-même et que la contradiction s'y trouve comme une simple pensée.

> Le sujet est le porteur de ses caractères : la contradiction est pensée. 10 mai, temps froid

3. Le fini est de façon générale ce qui ne peut soutenir la contradiction, mais s'effondre[1] quand son opposé s'introduit en lui, alors que le vivant, *Moi, l'Esprit, Dieu* est, en tant que subjectivité, la force infinie de se maintenir dans ce qui se contredit et d'être comme son identité. Cette identité n'est pas l'identité abstraite, et la contradiction n'est pas tout simplement un tranquille subsister positif, mais l'inquiétude, le changement et l'activité absolus qui appartiennent au sujet, qui n'est pourtant pas altéré lui-même en cela, mais qui demeure identique à soi. Cette identité que l'entendement déclare inconcevable est justement le concept. L'entendement nomme par contre le conceptuel ce qui est dépourvu de concept, à savoir l'abstraction unilatérale.

> | Un homme fort peut supporter le malheur, le destin, etc., pendant 17
> que le faible reste abattu. Le sage ne se laisse pas décontenancer, etc.
>
> Le fer rouille dans l'air, ne peut supporter la contradiction. L'organisme peut supporter les plantes, les fruits, etc., la nourriture, il est capable de supporter la contradiction, de la dominer ; si la contradiction est trop grande, alors il ne peut la soutenir, est détruit par là, reçoit une fin, s'avère donc comme fini.
>
> La vie se conserve et se préserve de cette façon comme infinie. Le vivant se maintient et se restaure toujours à nouveau, ne se laisse pas anéantir comme vivant, ne change tout au plus que la forme dans laquelle il apparaît.
>
> Le *Moi* peut accueillir en soi de l'étranger, par exemple je peux me figurer des objets sensibles, par exemple maison, arbre, etc., et accueillir en moi cette contradiction.
>
> Dieu est la puissance absolue et pour cette raison aussi la division suprême. La plante est encore une vie faible, qui ne peut se nourrir

1. *Zu Grunde geht.*

que de substances molles, délicates et huileuses. L'animal est déjà plus solide – il accueille en lui d'autres plantes et matières animales. Le Moi, l'esprit, est encore plus fort. Le penser pénètre dans la nature organique et inorganique et accueille en lui la contradiction, joint tout à lui. Même Dieu, ce qui est le plus fort, il en fait un objet du penser.

La contradiction est l'inquiétude. On ne peut se la représenter comme être. Le sujet n'est pas en repos, comme nous nous le représentons communément, il est l'actif même.

Le passage plus précis du dialectique au spéculatif ou positivement rationnel se fait quand ce qui relève de l'entendement

A. a en lui, par sa déterminité, la limite et la négation de soi-même, il est par conséquent dialectique ; mais

18 | B. le dialectique est ainsi la relation de la négation au premier positif. Cette relation est donc la totalité et le vrai. Mais dans cette relation l'un et l'autre sont tout aussi bien supprimés[1] qu'ils y sont contenus. On a donc pour cette raison déterminé aussi l'absolu comme le *ni... ni* et le *non seulement... mais encore*, ou bien le résultat du dialectique est le néant déterminé, *i. e.* la négation avec un contenu et, ce qui est la même chose, inversement une détermination posée avec sa négation.

Le déterminé est quelque chose de borné et de limité, à lui s'oppose quelque chose, qui apparaît vis-à-vis de lui-même comme négation. Dans le devenir sont contenus être et non-être[2], ce n'est pas simplement le Non[3] vide, mais un Non auquel on ne peut refuser l'être en général.

Le mouvoir est la suppression[4] de la contradiction, il y a encore en lui quelque chose de persistant, et l'identité y est le vrai.

Les dimensions spatiales en sont un exemple :

1. Le point est la limite absolue de l'espace, c'est-à-dire la négation complètement abstraite de celui-ci. Il est donc d'abord cette négation, mais [il est] de façon tout aussi essentielle en tant que [négation] de l'espace, de sorte que celui-ci, dont il est la négation, se trouve dans sa détermination ; le point est donc la contradiction d'avoir en soi la détermination de l'espace et

1. *Aufgehoben.*
2. *Nichtsein.*
3. *Nicht.*
4. *Aufhebung.*

d'être la négation de celui-ci. Le résultat, exprimé de manière purement sceptique, signifie : le point n'est donc pas, il ne fait que paraître.

> Le point n'est pas une dimension de l'espace, n'a ni longueur, largeur, ni hauteur; il est la pure négation de l'espace. – Il contient pourtant en soi l'espace; je ne peux me le figurer[1] sans espace; mais dans l'espace, je dois nécessairement me figurer les dimensions. Le point est par conséquent la contradiction en soi-même, il contient en soi la négation de ce qu'il doit être. – Il se supprime lui-même[2].

Mais le résultat, dans son caractère véritable, le point ne l'est pas comme la négation abstraite, qu'il doit être d'abord, mais comme l'autre
| de soi-même, comme quelque chose de spatial, donc comme se 19
supprimant[3] dans l'espace, c'est la ligne, dont on dit pour cela qu'elle provient de l'écoulement du point.

> Dans le point, on ne trouve cependant pas seulement le supprimer[4], mais aussi le poser-à-nouveau en soi. Quand le point s'écoule, la ligne surgit; l'écoulement est le mouvoir; il en surgit un autre du point, d'où survient la ligne; ce n'est pas l'autre du point en général, par exemple table, arbre, qu'est la ligne, mais l'écoulement du point comme tel. – Dans la ligne le point est conservé. On dit : « La ligne se compose de points. » Mais on peut tout aussi bien dire : « Le point est nié dans la ligne. » Je peux bien diviser la ligne en autant de parties que je veux, il reste toujours encore des lignes; elle est infiniment divisible, *i. e.* non divisible; on ne revient pas aux points.

2. Si l'on prend le point comme le positif d'où l'on part, alors la ligne est l'être-autre ou la négation du point, mais elle est ainsi elle-même la contradiction en soi : [le fait] d'avoir pour principe le point, d'être en soi purement ponctuelle, et d'être en même temps plutôt l'autre de celui-ci, ou bien elle est la contradiction posée qu'est le point en soi. Elle se supprime donc, ce qui, exprimé de manière purement sceptique, donne la proposition : la ligne paraît seulement, elle n'est pas.

Mais elle est comme supprimer d'elle-même [1.] supprimer de la première détermination spatiale simple, par là un nouveau poser de l'espace. – Son changement est 2. la surface qui a deux dimensions, *i. e.* un espace et deux déterminations, un être-autre répété dans l'espace.

1. *Ich kann ihn mir nicht denken.*
2. *Er hebt sich selbst auf.*
3. *Als sich… aufhebend.*
4. *Das Aufheben.*

3. La surface n'est cependant pas ainsi seulement un être-autre répété, mais elle est précisément la négation de la négation de celle qui précédait, par conséquent l'affirmation. Celle-ci est donc la totalité, et cela

20 | a. comme triplicité de la détermination :

α. négation,

β. négation de la négation et

γ. celle-ci comme affirmation, *i. e.* la triplicité des dimensions de l'espace ; puis

b. comme cette affirmation l'espace est posé lui-même comme l'espace positif ou complet et

c. la négation de la négation du point est le rétablissement du point. L'espace est donc un espace complètement déterminé, clos et la surface est superficie qui enclot. – Le corps géométrique est alors

α. comme [un] universel : espace en général,

β. comme [un] particulier ou [un] déterminé : superficie et

γ. comme [un] singulier : un corps déterminé.

13 [mai] Le rapport[1] de cause à effet est dialectique, car

1. la cause doit être un autre que l'effet et celui-ci un autre que la cause, mais

2. l'effet doit de même résider dans la cause ; la cause n'est cause que dans l'effet, et donc [est] identique à lui ; la cause de même réside dans l'effet. La contradiction est donc posée par-là, et le résultat purement négatif, c'est que le rapport de causalité n'est rien, mais le résultat positif véritable, c'est que cause et effet sont différents et que chacun de ces extrêmes est lui-même cause et effet ; le rapport de causalité dans cette détermination véritable est *l'action réciproque*[2].

Cause[3] signifie chose originaire[4], par exemple Dieu est la cause du monde, celui-ci l'effet. Même ce rapport est dialectique, parce qu'une contradiction s'y trouve. Quand je parle de Dieu comme cause, il doit aussi comme tel avoir un effet. De même, je ne peux parler de l'effet sans cause, je dois sous-entendre celle-ci, je ne peux

1. *Verhältnis.*
2. *Wechselwirkung.*
3. *Ursache.*
4. *Ursprüngliche Sache.*

la séparer de celui-là dans la | pensée. Le résultat est ici, si je sépare 21
l'un de l'autre, de nouveau le néant. Dans l'identité ils se suppriment[1] tous deux. Mais le résultat n'est pas seulement négativement que la cause se supprime dans l'effet et l'effet dans la cause. Leur rapport véritable est l'action réciproque. – Ce qui est déterminé comme cause doit aussi être déterminé comme effet et inversement; l'action réciproque consiste alors en ceci que ce qui est cause est aussi effet et inversement. Les deux sont identiques. Celui qui a compris cette méthode a compris l'âme de toute la philosophie.

Le dialectique ne produit rien d'extérieur, mais développe seulement ce qui est contenu dans le rapport de causalité. Ce genre de philosophie est donc complètement analytique.

Avec le moment dialectique s'ajoute cette nouveauté qu'en montrant le négatif on pose aussi le positif.

Le progrès de la philosophie est donc une vue et une intuition tranquilles de ce qui se présente dans les choses et de la manière dont cela se présente.

Le philosopher n'est donc rien d'autre qu'un recueil[2] des pensées dans la conscience.

Ad remarque 2[3]

Dans la représentation, on rencontre souvent l'opposition selon laquelle quelque chose pourrait très bien être vrai *in abstracto*, dans l'Idée et la théorie, mais pas *in concreto*, dans l'effectivité, dans la pratique. C'est en partie exact pour les déterminations unilatérales d'entendement et les fins abstraites, qui présupposent les moyens dans une effectivité déterminée dans laquelle ils ne se trouvent pas préalablement. L'effectivité est en partie toutefois, vis-à-vis de l'Idée à laquelle elle n'est pas conforme, soit le non-vrai et mauvais, qui se détruit soi-même, soit seulement le côté du phénomène, qui est l'inessentiel, ce qui change | et se dissout. L'Idée 22
concrète en soi n'est abstraite que dans la mesure où elle fait abstraction de l'aspect dont elle fait de même éternellement abstraction dans l'effectivité.

1. *In der Identität heben sich beide auf.*

2. *Sammlung.*

3. La remarque 2 du § 16 de l'*Encyclopédie* (édition 1817) précise le sens du concret et de l'abstrait par rapport au rationnel (*Encyclopédie 1*, trad. Bourgeois, p. 189).

On a contesté à l'époque moderne que la philosophie ait de l'utilité pratique, sous prétexte qu'elle ne reposerait que sur des abstractions et ne bâtirait que des châteaux en Espagne. Assurément comme pure abstraction elle serait dans l'effectivité quelque chose de non-vrai et de vide. Mais c'est justement ce qu'elle ne doit pas être, le concret doit ici apparaître lié et comme un avec l'abstrait; telle est son attestation propre. L'Idée qui n'est pas conforme à l'effectivité se détruit soi-même. Mais l'Idée dans l'effectivité est alors l'être-là lui-même.

Ad § 17

Le contenu de la logique est constitué du système des déterminations de pensée, lesquelles

1. ne sont pas considérées dans le sens d'un penser subjectif, qui serait [une] réflexion faisant face à un objet et extérieure à celui-ci, ni

2. non plus seulement comme *ce* qu'elles sont, c'est-à-dire dans leur exactitude déterminée, abstraction faite de leur [détermination de pensée] opposée, mais

3. telles qu'elles sont en et pour soi.

14 mai, temps couvert — On ne les prend donc pas pour des formes vides par opposition à un contenu, mais

a. dans le sens du contenu absolu, universel;

b. la forme logique est le contenu même, et la considération véritable consiste justement à considérer[1] la forme comme contenu et le contenu comme forme.

Par forme on entend souvent seulement l'inessentiel, qui appartient à l'être-là extérieur d'une chose; il ne s'agit pas ici de cette forme-là, mais de la forme essentielle. Celle-ci et le contenu absolu ne diffèrent qu'en ce que
23 le contenu | est la totalité de la forme dans une figure simple ou la forme rassemblée avec soi-même, par là comme l'identité indifférente à l'égard de la foule de ses différences. La forme est donc le même contenu, mais comme la totalité développée de ses différences déterminées. Une forme

1. *Die wahrhafte Betrachtung... zu betrachten*: il ne nous appartient pas ici d'alléger la formulation de Hegel, sans doute volontairement insistante, concernant cette *Betrachtung* véritable définissant la spéculation, le penser spéculatif même dont parle le paragraphe de l'*Encyclopédie*.

finie est une de ces déterminations maintenue fermement isolée, de même qu'un contenu fini est lui-même une détermination formelle, dans la mesure où on la saisit dans [l'] identité abstraite et où on l'abstrait de sa relation essentielle à celle qui est opposée ou du concret par essence qu'elle est en elle-même.

On ne peut penser de contenu sans forme; celle-ci est liée à chaque fois au poser du contenu. Le contenu est donc l'identité de l'identité et de la non-identité. – Par exemple le concept « Dieu » sans le concept de la manifestation[1] est un concept vide; mais celui-ci est sa forme nécessaire, le manifester est alors le contenu lui-même, on doit par conséquent dire à juste titre : « Le fils de Dieu est consubstantiel avec le père. »

Ainsi en va-t-il de chaque autre concept véritable. Forme et contenu constituent l'un avec l'autre la totalité. Par exemple nous différencions dans l'organisme trois systèmes, l'irritable, le sensible et le reproductif; ce sont des formes de l'organisme, mais elles forment ensemble elles-mêmes l'organisme.

Il en va de même avec un État. Ici nous différencions citoyens et gouvernement et leur relation réciproque, lois et institutions, etc. Tout cela, [ce] sont des formes de l'État. Mais nous ne pouvons en faire abstraction pour l'État sans détruire et supprimer[2] l'État par là. Elles sont présentes de manière essentielle et forment donc en même temps le contenu de l'État.

Si la logique d'entendement contient des formes formelles ou un contenu vide, ce n'est pas parce qu'elles sont de pures pensées et font abstraction d'un contenu empirique, mais parce que, comme formes, elles restent opposées au contenu, c'est-à-dire ne sont pas considérées en même temps comme contenu, c'est-à-dire dans leur identité.

| Le logique est le contenu universel de tout, mais comme universel il fait face aussi au particulier. Ainsi la logique se distingue-t-elle des sciences réelles de la philosophie dans l'une desquelles, la philosophie de la nature, l'Idée est dans l'élément du libre être-hors-de-soi[3] et de la matière, tandis que dans l'autre, la philosophie de l'esprit, [elle] est dans l'élément de son être-en-et-pour-soi-même[4], du savoir. 24

16 mai 1817

1. *Manifestation.*
2. *Aufzuheben*
3. *Außer-sich-sein.*
4. *An-und-für-sich-selbst-Sein.*

L'universel est tout simplement dans le particulier, mais il lui fait également face. Par le déterminer qui traverse tout, l'universel devient lui-même un aspect propre. La logique est donc ainsi la science universelle qui traverse tout. Elle se différencie alors des sciences réelles[1] – réel[2] est ici utilisé pour être-là. La [science] logique s'oppose ici comme quelque chose d'idéal au réel. Mais en soi le logique est lui-même l'absolument réel[3]. C'est-à-dire que dans l'Idée, réel et idéal, subjectif et objectif se présentent unis ; tous deux dans leur unité forment l'essence. Cependant on ne considère pas ici la logique comme science absolue, mais seulement comme une science par laquelle l'universel se détermine séparément du concret.

L'élément concret du savoir est l'esprit ; celui-ci n'est ni l'universel ni le concret de la logique, mais il est aussi bien de l'universel que du concret, c'est-à-dire qu'il est l'Idée, l'identité des deux.

Ad § 18

Par métaphysique on a de tout temps entendu la science de l'essence des choses en général, par conséquent de ce qu'elles sont dans la pensée pure, ou leur nature logique. Elle contenait cet [élément] logique en partie pour soi, à savoir en tant qu'il ne concerne pas de déterminations conceptuelles propres, dont on envisageait qu'elles n'appartenaient qu'au seul penser subjectif, en partie de façon privilégiée, en tant qu'on considérait des objets universels selon ces déterminations de pensée.

25 | On a ensuite opposé cette considération rationnelle à la science empirique ordonnant l'empirique et raisonnant dessus.

Par métaphysique on entendait jadis la science de l'essence des choses, la religion de la pensée ou le rationnel dans toutes choses. Ce fut de tout temps l'idée que par l'intuition sensible on ne connaît pas une chose comme elle est en soi, mais seulement comme elle apparaît ; car l'être ne se présente que dans la pensée, dans la conscience. On croyait donc que seule la pensée contenait la vérité.

Le nom de « Métaphysique » provient d'un livre d'Aristote, mais on ne peut pas déterminer s'il a vraiment été utilisé en premier par

1. *Den realen Wissenschaften.*

2. *Real.*

3. *Das absolut Reelle.*

Aristote. [Le livre] porte le titre « μεταφυσικά ». Il contient les idées les plus profondes sur le penser en général.
Dieu, l'âme et le monde étaient autrefois les objets de la métaphysique. Elle comprend l'universel à propos de ces objets.
Cependant la métaphysique a ensuite sombré dans la pure philosophie d'entendement – jusqu'à ce qu'enfin dans les derniers temps son nom n'inspire qu'effroi et répugnance, comme c'est le cas chez les Français. – Qu'elle trouvât sa fin dans la pure philosophie d'entendement, c'était très naturel, puisqu'elle apparaît à l'entendement comme inconcevable, comme pur fantôme.

Ad § 19

On doit reconnaître l'objet métaphysique, universel, dans sa vérité; on ne peut donc le déterminer par des prédicats qui sont pour eux-mêmes non vrais, c'est-à-dire finis, et ne consistent qu'à passer dans leur opposé. Pourtant la forme du prédicat dans une proposition est de façon générale une telle détermination singulière et unilatérale.

| Se demander si Dieu a l'être-là[1] revient à savoir s'il existe hors de **26**
notre pensée. Si l'on parle de Dieu, il a alors l'être-là, on lui attribue alors quelque chose de sensible; on le borne. Je peux bien dire : « La maison à l'extérieur de moi a [un] être-là, l'arbre, etc., a [un] être-là. » Par être-là j'entends en effet habituellement l'existant extérieur à moi.

Si les objets ont certes eux-mêmes aussi un aspect fini, qui est plus précisément leur limite[2], ce n'est qu'un [seul] aspect et certes [l'aspect] négatif de ceux-ci, suivant lequel ils sont un moment de la totalité absolue, et c'est une considération essentielle. Mais il faut en premier lieu considérer comment les objets pour eux-mêmes sont vrais, c'est-à-dire une expression de l'Absolu.

Ce qu'on nomme vanité des choses est leur limite. Seul donc l'illimité, permanent, stable, éternel, *i. e.* le vrai n'est pas vain.

1. *Dasein.*
2. *Grenze.*

Ad § 20

Dans un jugement, le sujet, par exemple Dieu, est d'une part le présupposé, comme il est immédiatement dans la représentation. Les prédicats expriment dans cette mesure un contenu donné dans le sujet et sont considérés comme inhérents au sujet; mais d'autre part seul le prédicat dit ce qu'est le sujet, qui ainsi n'est pour soi qu'une présupposition vide, un pur nom. C'est par le prédicat que l'objet s'élève en effet à l'universalité, à la forme du connaître. Seule cette élévation le produit. Par là se supprime la première position, positive, du présupposé, et le connaître est bien plutôt lui-même le fait de supprimer cette présupposition immédiate, selon la forme la pure représentation de l'objet lui-même, par exemple de Dieu, et selon le contenu une détermination dont on part, par exemple pour Dieu
27 celle de l'infini ou bien même un être fini, et | de répondre [à la question de savoir] ce qu'*est* le sujet par le prédicat de ce mouvement.

19 mai 1817.
Pluie et temps humide

Le sujet est l'être proprement dit; de lui on présuppose qu'il est. Mais dans le jugement on considère le nom du sujet comme quelque chose de complètement vide, et le prédicat contient *ce qui est*. Ce n'est que lorsqu'on a pris connaissance de l'être-là d'un universel que le nom d'un sujet est connu clairement dans ce qui est dit de lui. Seul le prédicat est connu. Par exemple, quand je dis: «Dieu est infini», le nom «Dieu» n'est pour moi qu'un son vide tant que je n'ai pas pris connaissance du prédicat «infini». Mais dès que j'en ai pris connaissance, alors le nom «Dieu» se présente à moi comme quelque chose d'étant à travers lui.

1. L'expression «dogmatisme» et «philosophie dogmatique» a surgi en opposition au scepticisme, pour lequel tout connaître positif en général, le spéculatif aussi bien que celui d'entendement, est dogmatique. La preuve d'une [affirmation] dogmatique, *i. e.* de l'une des [deux] affirmations opposées, se déduit aisément de la détermination donnée correspondante de l'objet représenté, d'où alors, pour une part, la réfutation de l'[affirmation] opposée suit aussi de façon directe; pour une autre part, cette réfutation se tire de l'affirmation opposée elle-même en tant que l'on montre en elle sa contradiction interne, ou bien [le fait] qu'elle contient elle-même la détermination opposée. Mais ce prouver vaut alors pour chacune des deux affirmations.

Le scepticisme s'appelait aussi philosophie zététique, parce qu'il ne permettait d'arriver qu'au paraître et non à l'être.

Le dogmatisme lance une affirmation, par exemple « Dieu est éternel », « le monde est fini », « l'âme est simple », et [il] prouve ensuite celle-ci, par exemple la matière est infiniment divisible, donc quelque chose | d'illimité, ou bien la matière est en somme 28
quelque chose d'étant et est aussi dans l'espace et le temps et donc est bornée, par conséquent limitée.

[2.] L'opposition du vrai et du faux est elle-même une opposition d'entendement. La première synthèse, dans la mesure où la réflexion la dépasse, est le mélange de ces déterminations, à savoir la proposition selon laquelle il y a en tout quelque chose de vrai et quelque chose de faux, ce qu'on peut bien dire de connaissances subjectives, à d'autres égards aussi du fini en général.

Le vrai de l'Idée est cependant totalement et en et pour soi vrai, et sa perfection et [son] achèvement concernent, comme on l'a déjà remarqué, la réalisation[1] dans le singulier. Mais le faux est la contradiction de bien contenir en soi un vrai, sans quoi il ne serait pas du tout, mais en même temps de n'être que le contraire non-résolu de celui-ci.

Le mal est le côté négatif du bien. Même un homme mauvais a toujours encore quelque chose de bon en lui, et c'est le vrai en lui. Cependant le mal ne peut subsister, mais il doit se résoudre lui-même.

Ad § 22

L'ontologie est la théorie des déterminations abstraites de l'essence en général.

Aristote a fait une liste des déterminations universelles des choses pour soi et les a envisagées dans un écrit particulier sur les catégories qui est un de ses écrits logiques rassemblés sous le nom d'« Organon ».

Catégorie[s] de κατηγορειν : *praedicamenta*.

20 mai. Temps pluvieux

Il y dénombre dix de ces catégories : à savoir la substance (οὐσία), grandeur (ποσόν), qualité (ποιόν), relation (πρός τι), lieu | (ποῦ), temps (ποτέ), situation (κεῖσθαι), avoir (ἔχειν), activité 29
(ποιεῖν), et passivité (πάσχειν). Outre ces dix déterminations sans plus d'indication de lien, il en mentionne encore d'autres, à savoir l'opposé

1. *Ausführung.*

(τὸ ἀντικειμενον), l'antérieur (πρῶτον), le simultané (ἅμα), et le mouvement (κίνησις), dont il indique 6 espèces :

Naître, disparaître, accroissement, diminution, changement en général et changement de lieu.

Mais, dans la Métaphysique, il envisage encore beaucoup plus de tels concepts fondamentaux, en partie d'une manière plus spéculative, mais pour le reste dans un assemblage tout aussi lâche.

Il faut considérer Aristote fondamentalement comme le créateur de la logique, il a en quelque sorte saisi, décrit et déterminé l'histoire naturelle des formes de celle-ci. Les écrits qui appartiennent à son « Organon » sont, en dehors

1. du petit écrit sur les catégories,

2. de l'écrit sur l'interprétation, qui traite des propositions,

3. les deux écrits analytiques, le premier et l'autre : sur les syllogismes, les preuves, la méthode, etc., chacun en deux livres,

4. les huit livres de topiques, sur les lieux *i. e.* déterminations, points de vue, relations sous lesquelles on peut envisager n'importe quelle matière, enfin

5. l'écrit sur les réfutations sophistiques, c'est-à-dire les fondements, tournures, sophismes et leur résolution en général.

> Alexandre le Grand fut son élève, il lui a envoyé, durant sa guerre en Asie, tous les animaux qu'il faisait dénicher par des milliers d'hommes, et Aristote les a décrits et divisés en classe.

30 | Aristote ne suit certes pas d'enchaînement proprement systématique dans le traitement de ces objets et commence par relever les concepts de façon empirique, mais il se montre également plein d'esprit et spéculatif en ce qu'il n'en reste pas à la pure détermination d'entendement, mais indique des considérations plus profondes et des distinctions menant plus loin. Le progrès ou le changement que la logique a connu depuis Aristote et particulièrement à l'époque moderne, se borne principalement à ceci que l'on a éliminé tous ces propos qui vont plus loin spéculativement et rabaissé le contenu aux formes d'entendement stériles les plus abstraites.

Ad § 23

Les objets que la métaphysique considérait étaient certes immédiatement issus de la représentation, pourtant non simplement reçus dans leur singularité sensible, mais élevés par la pensée à l'universel. Ces objets universels d'intérêt absolu étaient l'âme, le monde en général et puis Dieu.

> Si l'on s'interrogeait sur la différence entre âme et esprit, on désignait l'âme comme une chose et l'on parlait de son siège. L'esprit est ceci d'être actif, de se manifester[1] ; il n'[est] pas quelque chose qui se tient au-delà de l'activité[2], mais il est l'activité elle-même. Dans la métaphysique concernant l'âme on devrait décrire l'esprit dans sa vérité, c'est-à-dire dans son activité.

Dans la métaphysique concernant l'âme se trouvent surtout les déterminations d'entendement et oppositions suivantes :

1. L'âme est une *chose*[3] [dotée] de nombreuses propriétés, une *substance* qui a beaucoup de forces, le penser une force autonome, indestructible par d'autres et face à l'âme ; et le penser | est une apparition qui en 31
résulte, un concorder d'autres forces ou choses, séparées les unes des autres, comme une harmonie de sons.

22 [mai]. Temps pluvieux

À cet égard on pose comme fondement la différence de réflexion d'une chose vide et d'une substance séparable de ses propriétés et forces. Mais dans le concept c'est bien plutôt l'activité autodéterminante elle-même qui est l'être. De même l'apparition[4] doit être pour et dans un tiers, finalement dans une substance hors d'elle, et l'on exprime ainsi l'apparition elle-même comme un non-étant-en-et-pour-soi et c'est ce tiers qu'il faut bien plutôt considérer, qui n'est pourtant pas une multiplicité ni une variété corporelle de forces.

> Si l'on considère l'âme comme une simple chose, à laquelle échoient des forces et propriétés variées distinctes, celles-ci n'étant pourtant que quelque chose qui peut ainsi bien manquer, sans que la chose cesse d'être, nous concevons alors là-dessous une pure abstraction, laquelle n'existe pas en soi, de même que l'universel sans le concret n'existe absolument pas. Si nous retirons donc par la pensée les propriétés à l'âme comme à une chose, c'est alors l'âme

1. *Offenbaren.*
2. *Tätigkeit.*
3. *Ding.*
4. *Erscheinung.*

elle-même qui nous échappe. Si nous retirons les sons d'une harmonie, nous ne pourrons également rien conserver de l'harmonie. – Les propriétés et forces ne peuvent par conséquent pas être pensées séparées de la chose. Celles-ci dans leur liaison constituent justement l'essence.

La représentation et le représenter ne sont certes qu'une apparition, ils ne sont pas le vrai lui-même ni le penser comme tel. – Déduire [quelque chose] cependant du rapport des fibres serait tout aussi inepte que déduire une harmonie de simples forces corporelles, par exemple de cordes [1], sans admettre un être vivant.

32 | 2. L'âme est une substance simple ou bien composée. Mais le simple comme tel est une abstraction dans le concept même de laquelle réside la variété dont on doit faire abstraction. Le composé est la multiplicité extérieure, qui doit être en même temps son contraire, un ensemble [2], *i. e.* une unité extérieure, une détermination qui se supprime soi-même.

Il n'y a pas d'unité extérieure, justement parce que le dehors est quelque chose d'extérieur, c'est-à-dire un l'un-à-côté-de-l'autre, l'un-hors-de-l'autre. Tout ce que nous nous représentons, même comme unité extérieure, n'est qu'une diversité composée d'unités.

3. Pour la survie de l'âme déterminée comme substance simple on s'accroche au concept du changement, dans lequel se trouve tout autant un devenir-autre et [une] négation de l'étant initial, le moment de la permanence, de la continuité du premier dans l'autre, suivant laquelle on ne pourrait pas dire que quelque chose cesse absolument d'être. Le changement devient par là indifférent, c'est-à-dire quantitatif. *Kant* a pour cette raison opposé au rejet du passage qualitatif de l'être de l'âme dans le non-être la diminution de la conscience par degrés successifs jusqu'à un infiniment petit. Mais le degré est une détermination aussi peu admissible pour la nature de l'esprit que vraie en et pour soi.

23 mai, très beau temps

Dans le souhait d'avoir part à l'immortalité se mêle en majeure partie aussi un intérêt terrestre ; on souhaite d'habitude que celui-ci aussi soit immortel, par exemple l'entourage. Seulement, ce besoin, la philosophie ne peut le satisfaire.

Mendelssohn aussi a écrit un Phédon, qu'il a présenté à côté de celui de Platon ; il croyait l'améliorer, mais il fit le contraire. Comme

1. *Saiten.*
2. *Ein Zusammen.*

Platon attribuait l'immortalité à l'Idée, Mendelssohn crut devoir mettre au fondement de cette Idée une substance et voulait savoir celle-ci immortelle.

4. Dans la question métaphysique de la communauté[1] de l'âme et du
corps, on a admis le dualisme absolu du spirituel et | du corporel, la matière 33
sensible comme un étant-en-et-pour-soi, le lien de l'âme et du corps par conséquent comme inconcevable et Dieu comme le médiatisant.

Le dualisme entra dans la philosophie particulièrement par Descartes. – Âme et corps ne pourraient agir l'un sur l'autre s'ils n'avaient pas quelque chose en commun. Dans le dualisme on doit présupposer que la matière est une chose en soi, quelque chose de vrai en soi.

L'âme est pourtant l'universel, ce qui pénètre la matière. L'impénétrabilité de la matière n'est donc pas impénétrable pour l'âme.

Ad § 24

1. La cosmologie devait contenir les lois métaphysiques universelles du monde ; comme celles-ci par exemple : « Il n'y a pas de saut dans la nature, mais tout progrès est graduel », ce qui est l'affirmation de la détermination quantitative contre la qualitative, ensuite la loi de l'économie de la nature, etc., des pensées dont l'abstraction pour elle-même montre la superficialité et le caractère inapproprié pour connaître la nature de l'univers.

2. Il y a de nombreuses oppositions dans les questions [sur le fait de savoir] si le monde est contingent ou nécessaire, [si] la matière [est] éternelle ou au contraire créée elle-même ou bien seulement sa forme. Dans le concept du contingent[2], de pouvoir être ainsi ou bien aussi autrement, dans cette indéterminité se trouve précisément sa nullité et le passage dans l'opposé, à savoir [en] un fondement déterminé et dans le nécessaire, qui de son côté contient aussi bien un pur être-posé et conditionné par un autre que le [caractère] inconditionné et le détacher de tout autre fondement ou cause. La matière éternelle est l'abstraction d'un être indéterminé, sans forme, donc invariable, qui justement pour cette raison

28 mai.
Pluie, ambiance de février

1. *Gemeinschaft.*
2. *Zufälligen.*

n'est plus extérieur à soi ni repoussant l'autre, donc n'est plus matière, mais
34 bien plutôt l'être divin identique à soi. | Cet être pris comme purement abstrait est cependant lui-même posé par abstraction et négatif; comme tel il a la négation et déterminité à même lui, *i. e.* la différence. Mais celle-ci, comme elle est de fait différence, est justement la forme, qui de même n'est pas séparée de la matière, mais au contraire elle-même l'unité identique avec soi de celle-ci.

> Le hasard[1] est fatum aveugle, mais celui-ci lui-même est de nouveau une nécessité aveugle, d'airain. – La contingence est quelque chose qui est, mais qui pourrait aussi être autrement. Être est ici posé comme un avec le non-être. L'effectif se confond ici avec la possibilité.
>
> Le contingent[2], parce qu'il est contingent, n'est rien d'effectif; il a le fondement de son être en un autre – est déterminé par celui-ci, posé par celui-ci, par conséquent lui-même nécessaire.
>
> Si pourtant l'on admet le nécessaire comme ultime, alors celui-ci est pour lui-même à nouveau dialectique, et puisqu'il n'a pas de fondement ni de cause il est donc également à nouveau quelque chose d'absolument libre et inconditionné. Ainsi coïncident donc ici à nouveau les concepts de nécessité et de liberté. Dieu est l'absolument nécessaire mais justement pour cela aussi l'absolument libre.
>
> Dieu comme l'essence simple avec soi est le néant; on parle donc de façon exacte quand on dit dans la religion chrétienne : « Dieu a créé le monde à partir du néant », c'est-à-dire que ni la forme ni l'être de la matière n'existent en dehors de Dieu. L'essence de la matière en soi est donc Dieu lui-même, et cette essence est alors éternelle comme un moment absolu de la nature divine. Le monde est pourtant sans aucun doute le posé, le royaume du phénomène, du changement; mais celui-ci est justement alors de nouveau comme quelque chose de nécessaire, de nouveau quelque chose d'éternel. Le monde [est] le terrain de la contingence.
>
> La question [de savoir] si la matière est éternelle doit donc être posée autrement.

1. *Zufall.*
2. *Zufällige.*

[3.] En cela se trouvent liées dans leur opposition la nécessité extérieure
et intérieure, la pure causalité ou le rapport final aussi bien que | la nécessité 35
et la liberté. Sous la première détermination tombent les perspectives d'un enchaînement purement mécanique des choses du monde, d'une explication mécanique de la vie et de l'esprit sous l'influence de conditions et de circonstances extérieures, sous la seconde les soi-disant causes finales ou la perspective téléologique, selon laquelle plus précisément se trouve de toute façon au fondement du vivant et du spirituel l'unité du concept, tandis que la variété extérieure de l'existence et le mécanisme sont soumis à celui-ci et que le concept précède son produit. Cette finalité peut à son tour être comprise comme interne ou externe et celle-là donne lieu à la représentation d'une âme du monde. Mais celle-ci fait du vivant 29 mai.
et du spirituel un moyen et un outil, ce qui a son concept hors de Pluie
lui, elle donne en partie à ce qui est finalisé la forme d'une disposition externe contingente.

> La physique cherche à expliquer les phénomènes par des causes externes, c'est-à-dire par d'autres phénomènes. Mais puisque ce type d'explication renvoie sans cesse à des principes qu'on ne peut connaître dans l'apparition, on s'est vu alors obligé d'avoir recours à quelque chose d'inconnu lui-même, à des causes internes, qui pourtant elles-mêmes sont une énigme, à savoir ce qu'on appelle les forces. (Les Scolastiques les nommaient *qualitates occultas*.) Seulement cela ne sert pas beaucoup à la connaissance véritable. Après l'avoir reconnu, certains cherchèrent alors de nouveau à se réfugier dans la matière et cherchèrent à simplifier celle-ci par la chimie et des abstractions.

La véritable progression du concept contient les stades logiques essentiels. Le stade suprême de la réflexion de l'être est la nécessité, le lien de cause à effet. Mais celle-ci est le dialectique en lui-même, qui passe dans
le concept – le | libre en et pour soi – qui comme concept subjectif est la fin 36
et a en soi la détermination de se réaliser, de poser l'objectivité comme la sienne, d'être Idée et liberté réelle.

> La première tâche de la réflexion est de s'informer de la cause, *i. e.* de la chose originaire.
> On a différencié les causes efficientes – *causae efficientes* – et [les] causes finales – *causae finales*.
> Si l'on s'informe de la cause finale, du concept téléologique, la vision qui en résulte alors est purement extérieure. – Kant a écrit un ouvrage célèbre et utile sur cette vision téléologique des choses.

4. On trouve, au fondement de la question de savoir pourquoi la douleur[1] et le mal[2] sont dans le monde, le fait que la douleur et le mal [soient] comme un négatif vis-à-vis du vivant et comme contraires à sa détermination ne doivent absolument pas être. On a opposé à cette représentation l'optimisme du monde, selon lequel il serait le plus parfait entre tous ceux qui sont possibles et le mal ne devrait être que parce qu'il devait y avoir des essences finies, *i. e.* des natures avec une borne. Cependant la borne ou négation n'est pas seulement quelque chose qui *ne doit pas être*, mais est au contraire dans sa vérité le principe générateur et déterminant ; mais besoin, douleur et mal sont la forme sous laquelle pour une part il apparaît dans la nature individuelle, qui ne pose en soi un besoin que comme pulsion et le supprime aussi bien et n'a de vitalité que dans cette mesure. Par contre c'est la sensation de la destruction qui met en œuvre le négatif en soi-même.

30 mai. Pluie

L'optimisme provient surtout de la philosophie leibnizienne, qui affirmait que ce monde présent est le meilleur et le plus parfait de tous ceux qui eussent pu être ici-bas, et que l'imparfait qui existe, la douleur, etc., est nécessaire pour des natures finies. Mais cette affirmation est très ennuyeuse et la preuve difficile, quand on doit se figurer des mondes plus
37 imparfaits et ne se | consoler qu'avec ce qu'il y a de pire. Même si la douleur est nécessaire pour des êtres finis, il s'agit de savoir pourquoi à vrai dire justement de tels êtres finis sont créés. La perfection est somme toute une détermination vide. Le parfait doit être une pure abstraction de ce qui est positivement concret. Le défaut de cette question métaphysique est le même que pour la précédente. C'est-à-dire qu'on admet deux abstractions, dans lesquelles la réalité n'existe pas.

Le vivant est soi-même du négatif et existe par la capacité à supporter son propre manque. Le mort n'a aucun manque, il est purement du négatif.

La douleur est la négation de la vitalité et fondée de façon nécessaire dans la vie ; car l'activité n'existe que parce qu'un négatif fait face au positif ou est contenu en lui.

La douleur est la source de toute activité, elle est le principe de l'activité. – La création de Dieu procède de cette douleur comme en général ainsi toute grandeur dans le monde procède d'elle.

1. *Schmerz.*
2. *Übel.*

> Le besoin engendre la réflexion et la recherche d'arts et de sciences.
> Admettre une puissance irrationnelle absolue, un destin, c'est pour un être rationnel la pensée la plus effroyable.
> Pour le vivant il y a un destin comme une puissance extérieure luttant contre celui-ci. Mais pour la raison il n'y en a pas.
> La douleur n'est sans consolation que si l'on envisage le fini comme un être, qui ne peut être autrement.

5. Le mal[1] moral, le mal[2] se rattache à la liberté, et il s'ensuit ici d'abord l'opposition de celle-ci vis-à-vis de la nécessité et l'affirmation, soit que l'homme [est] libre, et à vrai dire en un sens purement formel sans contenu, soit que la | conscience de la liberté n'est qu'une illusion et que toute action **38**
paraissant libre a son fondement dans d'autres déterminations, qui constituent le contenu de la liberté : l'affirmation du déterminisme. Mais la liberté sans contenu serait une abstraction vide de la subjectivité formelle. L'identité absolue de l'esprit avec soi, la liberté elle-même, est bien plutôt à soi-même son propre contenu et fondement de détermination, d'autres fondements de détermination externes sont des représentations finies, bornées, qui sont submergées par la puissance infinie de la liberté et ne sont et ne déterminent, que dans la mesure où la liberté leur donne [un] être pour soi.

> Quelques uns affirment : « L'homme se détermine totalement par sa propre force. », d'autres : « Il est déterminé par les objets extérieurs, qui font sur lui une impression soit agréable soit rebutante. »
> On a cherché à prouver par la conscience de la liberté que l'homme était libre. Le remords lui-même en est apparu comme une preuve.
> Le déterminisme n'invoque que le contenu : cela m'a mû, cela fut cause, etc. Même ce que nous nommons le contenu, le fondement du mouvement, constitue un moment essentiel de la liberté. Mais je laisse la réflexion sur [le fait] que je veuille ou non céder au fondement du mouvement et me laisser mouvoir par lui. De là vient que celui qui se déclare une fois décidé, on ne peut le faire bouger par quelque manière de mouvement que ce soit.

1. *Das moralische Übel.*

2. *Das Böse*. La langue allemande « a le bonheur de posséder » deux termes pour désigner les maux ou le mal physique (*Übel*) et le mal qui concerne une détermination de la volonté, donc le mal moral (*Böse*), comme le souligne bien Kant au second chapitre de l'Analytique de la *Critique de la raison pratique*. Par contre, le français n'a qu'un seul mot ici. La spécification qui est introduite par le terme « moral » et qui permet d'expliquer la transformation de *Übel* en *Böse* ne peut donc être totalement rendue ici.

31 Mai, temps pluvieux

Mais les deux moments sont unilatéraux.

La liberté est à soi-même le contenu.

La source absolue du mouvement est elle-même l'immobile comme le simple, l'absolument en repos. Cet en-repos dans le mouvement de la volonté est la fin[1]. La liberté de l'esprit est
39 | l'identité absolue de l'esprit avec soi, le simple et donc l'en-repos. – C'est alors le commencement de l'activité. Quand la fin se divise avec soi-même alors surgit le phénomène du subjectif et de l'objectif. Non seulement ce repos, la fin ou fondement de la volonté, mais encore la division, le mouvement, sont deux moments nécessaires dans la liberté.

Rien ne peut contraindre la volonté, parce que tout ce qui est extérieur ne peut exercer aucune contrainte sur elle ; quand elle est déterminée, cela n'arrive que de l'intérieur. La volonté se détermine par soi-même. On ne peut donc pas dire : « La volonté n'est déterminée par rien. », mais ce qui la détermine est elle-même, c'est la liberté absolue.

La possibilité du mal est certes posée avec la liberté, mais son effectivité s'oppose au bien, comme au but final absolu du monde, mais sa nécessité [s'oppose] à la certitude de la conscience de soi de la contingence et de la responsabilité de cette [conscience de soi], mais l'une comme l'autre [s'opposent] à la volonté absolue aussi bien en ce qui concerne son pouvoir absolu que sa sainteté ; si l'on considère le mal comme moyen pour la fin du bien, son effectivité précède toujours, et il ne doit être ni comme fin ni comme moyen. Le bien est en même temps présupposé comme ce qui n'est tout simplement que positif, plus précisément même comme son naturel en tant qu'un état de l'innocence, le mal par contre comme l'abstraitement négatif, qui doit seulement ne pas être.

Comment Dieu a-t-il pu permettre le mal ?

Dans la mesure où il y a des êtres[2] libres, le mal est possible ; par la liberté se produit une alternative : ainsi ou autrement, ou bien… ou bien. Cette opposition résulte du négatif de la liberté de façon nécessaire. Le décider[3] signifie poser un moment déterminé, qui comme
40 déterminé a un opposé ; ce déterminé | est comme tel un fini et opposé à l'universel. Le décider signifie donc se transformer soi-

1. *Zweck.*

2. *Wesen.*

3. *Das Entschließen.*

même en un déterminé singulier ; d'où sa loi de se faire valoir soi-même comme singularité ; et ce faire-valoir de soi-même comme un singulier est alors le mal, et celui-ci est opposé à l'universel, indéterminé, purement actif.

Le mal est un contingent ou un nécessaire. Comme contingent il contredit la puissance absolue. Comme nécessaire il contredit la liberté ; car ainsi il n'est pas posé par le singulier comme arbitraire de la volonté.

Par le fait de dire que le mal serait nécessaire à la manifestation du bien, on ne dit pas encore qu'il serait nécessaire pour soi.

Mais le mal ne doit être ni en et pour soi ni comme moyen, car on ne doit pas atteindre de bonnes fins par de mauvais moyens. Si l'on dit que du point de vue ultime bien et mal s'accordent, cela est révoltant pour l'entendement, dans la mesure où par là le mal n'a pas encore été supprimé comme mal.

On se représente le bien par l'état d'innocence comme un être positif, ainsi que cela se passe dans notre religion. On dit : « L'homme est bon par nature. », à quoi l'on oppose alors le contraire à l'époque moderne.

On dit que l'homme aurait pu rester dans son état originel pur au paradis.

Dès que l'Idée est représentée dans un mythe, il entre toujours quelque chose d'erroné dans la science ; par exemple, le récit de l'arbre du bien et du mal indique que ce n'est que par la conscience et la connaissance de l'intelligence, du savoir ou de la liberté que surgit le mal.

Mais à cet égard le mythe est complètement faux, si l'on dit qu'il [l'homme] n'aurait jamais dû manger de ce fruit de la connaissance ; car cela signifierait aussi bien qu'il aurait dû rester animal, qu'il n'avait pas à parvenir à la connaissance, ni à la liberté.
| (Le paradis signifie un jardin zoologique.) On tend aussi habituel- 41
lement à se représenter que l'homme a été trompé. – De plus : Dieu considéra que l'homme était ainsi devenu semblable à Dieu. – La sortie du Paradis était alors nécessaire, puisqu'il avait adopté une autre nature, s'était opposé à ce qui est animal. Par la connaissance et la liberté il est devenu semblable à Dieu.

Mais le bien n'est fin de la volonté que dans la mesure où
2 juin 1817 il détermine par sa libre réflexion en soi l'immédiateté de la nature, dans laquelle il est plongé, comme le négatif, ce qui ne doit pas être. Ce n'est pas la nature qui est ainsi le mal, mais la volonté qui est et demeure en elle, et dans ce sens c'est [un] moment absolument nécessaire ; le mal est plus précisément la singularité se rendant infinie dans la volonté libre de l'esprit, le sommet suprême du néant[1] ou de la finité en général, au concept de laquelle, comme elle est la matière et [le] moment naturel de l'absolu et de l'esprit, se réduit, comme moment, le concept du mal, selon lequel quelque chose est, qui ne doit pas être.

On ne doit pas prendre le bien pour quelque chose d'immédiat, de naturel, de simple, mais comme abstraction de la volonté ; mais la volonté est elle-même division. L'esprit n'est qu'en se posant un opposé. – Mais la volonté est par essence de nature mauvaise ou encore de nature bonne : aucun des deux [cas] n'est vrai. Nature a ici deux concepts : si l'on prend nature comme essence ou concept, alors la proposition est fausse. Mais si on la prend comme nature, comme du naturel, elle [la volonté] est mauvaise, et cela doit être considéré comme du mal. Seulement, cette mauvaise volonté naturelle est elle-même moment nécessaire. Le mal est nécessaire, mais comme quelque chose qui ne doit pas être, c'est-à-dire comme quelque chose qui s'oppose au bien, pour susciter celui-ci dans l'effectivité.

42 | Ce n'est qu'aussi longtemps que l'homme est déterminé par son propre Lui[2] que l'action peut lui être imputée. Si le scélérat dit qu'il a été contraint de mal agir, que sa nature est mauvaise, on devrait alors le traiter comme être naturel et donc le tuer comme un animal nuisible ou le neutraliser.

Mais il protestera certainement contre cela.

Cependant si le scélérat indique comme fondement de ses mauvaises actions un être mauvais à l'extérieur de lui, par exemple Satan, il veut alors certes éloigner le mal de lui-même et le faire retomber sur un tiers. Mais il exprime ainsi justement par là sa liberté, dans la mesure où il reconnaît qu'il peut considérer ce mal extérieur à lui comme quelque chose de nature différente et s'élever au-dessus de celui-ci comme être libre.

1. *Nichtigen.*
2. *Sein eigenes Er.*

Le fini, la nature ou la matière ne faisaient, pour les Anciens, qu'un avec le mal et de même la lumière, l'infini, [le] spirituel [avec] le bien.

La liberté de la volonté porte donc en soi le moment de l'opposition, qui est en soi le mal.

Ad § 25

L'homme a le sentiment et le savoir d'un [être] supérieur[1], qu'il nomme Dieu ; la métaphysique n'a pas d'autre but que de rapprocher de la connaissance ce sentiment ou ce savoir obscur.

Dans le sentiment lui-même il y a un connaître confus. La tentative pour prouver l'être-là[2] de Dieu est la véritable forme pour élever le sentiment à la conscience de l'être-là de Dieu. Comme le poète décrit les sentiments et passions des hommes, le métaphysicien doit présenter le sentiment de l'être-là de Dieu.

Le connaître et ce que la métaphysique cherche a seulement pour tâche d'élever à la conscience et à la connaissance distincte le sentiment de la divinité. Mais cette conscience a, comme réflexion d'entendement, été dénaturée et de nouveau obscurcie, | de sorte que l'effort pour porter à la 43
conscience le sentiment de Dieu a perdu son but.

La métaphysique d'entendement contient à propos de Dieu dans ses moments essentiels la démarche suivante : Dans la mesure où

1. la représentation[3] de Dieu est présupposée, on devrait alors déterminer d'abord le concept de celui-ci ; mais dans la mesure où le concept n'a que la forme de l'identité d'entendement sans détermination en soi-même et où le seul critère pour celui-ci est qu'il soit possible, c'est-à-dire ne comporte aucune contradiction, alors il ne reste pour Dieu que la pensée vide de l'être le plus parfait ou le plus réel de tous, du concept intégratif de toute réalité, qu'il faut prendre sans négation, c'est donc seulement la pure abstraction de l'être suprême qui reste pour Dieu.

> On fait d'abord précéder le concept de Dieu de la représentation, de la pensée de l'infini ; le fini et humain est aboli dans cette représentation, par exemple passion, colère, etc. ; on lui ajoute en outre des déterminations, qui ont [une] réalité pour soi, par exemple puissance, sagesse, bonté, justice. Seulement puisque ces réalités se

1. *Höheren.*
2. *Dasein :* il s'agit de ce qu'on appelle communément « l'existence de Dieu ».
3. *Vorstellung.*

limitent mutuellement, par exemple puissance et sagesse, bonté et justice se limitent mutuellement, on devrait faire abstraction de ce concret et n'attribuer à Dieu que le concept pur, abstrait, de ces réalités comme quelque chose qui ne contient en soi aucune contradiction ; on n'obtient cependant ainsi à la fin même rien de réel, mais seulement une pure abstraction, un être suprême[1], sans pouvoir attribuer à celui-ci une existence.

3 juin La pensée suivante concernant le concept de Dieu comme être suprême est : Dieu ne peut pas être connu ni conçu, parce qu'il n'y a pas de passage possible du connaître concret à cette Idée suprême.

2. On devait alors prouver à partir du concept ce qu'on appelle
44 l'être-là[2], à partir du possible | l'effectivité ; cela fut accompli par la double voie,

a. selon laquelle on partait d'un être-là donné – d'un monde contingent en général – dans la prétendue preuve cosmologique, ou bien d'une nature témoignant de dispositions finales, dans la preuve physico-théologique pour en conclure à partir de là un être infini comme le fondement et la cause de ceux-ci. Eu égard au contenu, ne s'ensuivent pour Dieu comme le fondement, dans ce développement, que des déterminations positives, en tant qu'elles se trouvent dans le présupposé, de même qu'on ne peut attribuer à une force que les propriétés indiquées par les phénomènes[3] dont on admet qu'elle constitue l'intérieur : ainsi donc pour Dieu, dans la première preuve, la détermination de l'être absolument nécessaire, dans la seconde en quelque sorte celle d'un organisateur très sage, très bienfaisant, etc. de la nature, déterminations qui ne correspondent pas à la représentation présupposée de Dieu.

Être-là[4] désigne à proprement parler un fini, quelque chose qui est là, en ce lieu. Même le mot « existence »[5] exprime un être, qui a procédé d'un autre comme de sa cause.

On devrait donc vouloir connaître de Dieu seulement l'être et non l'être-là.

1. En français dans le texte.

2. *Dasein.*

3. *Erscheinungen.*

4. *Dasein.*

5. *Existenz.*

Mais l'Idée de Dieu n'est pas ma simple imagination comme celle de cent thalers dans Kant. Même si je m'imagine que j'ai cent thalers, je ne les ai pas pour autant. Pour le concept de Dieu cela se passe tout autrement. Dans la connaissance de ce concept même son être est contenu.

L'ancien n'est pas respectable pour nous parce qu'il est ancien, mais seulement parce qu'il contient quelque chose de vrai[1].

La culture[2] et la moralité ont reculé à cause des guerres de religion et une longue barbarie a surgi.

Même le concept de Dieu, envisagé sous le seul aspect de sa sagesse, est unilatéral. 4 juin, temps couvert

| La forme de la preuve contient le [fait de] déduire[3] un être infini à 45
partir d'un être-là présupposé fini et considéré de façon seulement positive; mais un être-là fini doit d'une part n'avoir qu'un autre être-là fini de son genre comme son fondement et [sa] cause. Nous en exigeons dans cette mesure un type d'explication naturelle. Le syllogisme en reste de cette façon dans le champ du phénomène et mène au progrès à l'infini en de telles causes finies. Mais en tant que d'autre part on doit passer de l'être-là fini à l'infini[4] comme Idée positive, alors celle-ci apparaît en partie face à l'être fini et dans une relation bornée, relative[5] à lui, en partie finalement comme médiatisée par là et le fini comme son fondement.

Cela ne donne par suite qu'une connaissance subjective, pas celle, objective, requise pour l'être divin inconditionné, – qui ne doit pas se présenter comme du médiatisé.

Mais si l'être fini est déterminé comme du néant et supprimé dans l'absolu, comme l'a considéré en effet toute métaphysique vraie uniquement, alors s'évanouit la présupposition de l'existence d'un être fini et la forme de déduction[6] qui relève de l'entendement.

1. Les « preuves de l'existence de Dieu » (nous traduisons ici : « preuves de l'être-là de Dieu ») ne jouissent pas d'une estime particulière due à leur caractère antique, mais seulement d'une reconnaissance des mérites qu'elles ont d'élever au-dessus du fini et d'unir en Dieu l'être et la pensée, ce que Kant n'a pas vu à travers sa comparaison triviale. En revanche, leur ancrage dans le fini, dont elles partaient, caractéristique de l'entendement, empêche d'y voir pour Hegel de vraies preuves. La pensée de la tradition, pour être vénérable, n'en doit pas moins être supprimée dialectiquement en une connaissance logique, c'est-à-dire rationnelle, ayant donné toute sa place à la négativité dans le rapport du fini à l'infini.

2. *Bildung.*

3. *Schließen.*

4. *Zu dem unendlichen :* sous entendu « l'être-là » infini.

5. *In beschränkten, relativer Beziehung darauf.*

6. *Schließen.*

On prend le fini comme du déduit, et on admet comme son principe une chose originaire, une cause de cet effet. On doit alors connaître cet [effet] par la cause, comme préexistant en celui-ci, lui étant inhérent.

La perspective suivant laquelle le fini, dont on doit connaître la cause, continue en celle-ci, est une perspective moderne que l'on oppose à celle, soi-disant pieuse, qui renvoie toujours immédiatement à Dieu lui-même.

La force, prise comme détermination, est le réfléchi en soi.

Cet aspect, que nous pensons comme l'[aspect] infini n'est qu'une relation relative au fini ; par exemple le concept « Dieu » en rapport au monde se présente comme du borné.

46 | La déclaration de l'entendement qu'il [n'y a] pas de pont du fini à l'infini veut tout simplement dire que, si l'on veut chercher à s'élever du pur phénomène à ce qui est véritable, on ne doit alors s'en tenir ni au fini comme tel, ni à l'infini comme tel, mais à ce qui est leur essence, à l'identité.

6 juin, temps plus froid, d'un septembre agréable

b. La deuxième voie consiste en ce que l'on doive partir du concept de Dieu et déduire la détermination de l'existence[1] à partir de celui-ci. La réalité de l'être-là devait, en effet, se trouver dans le concept du concept intégratif[2] de toutes les réalités. Mais inversement le concept était, comme pensée subjective, opposé purement et simplement à l'être, de sorte que justement l'être ne se trouvât pas en celui-ci ou [que], s'il se trouvait en lui, il ne fût ainsi jamais lui-même qu'une pensée, non l'être extérieur à la pensée, comme il doit être.

Dans le concept intégratif de toutes les réalités est contenu l'être ou être-là ; car [l']être est une réalité, par conséquent celle-ci aussi doit être en Dieu comme le concept intégratif de toutes les réalités. – Mais si l'être se trouve déjà dans le concept de toute réalité, il ne s'agit pas alors d'une déduction, mais d'une présupposition. On devrait donc dire : « Dieu est le concept intégratif de toute réalité, celle-ci exceptée, qu'est l'être. » Seulement par là s'évanouit la preuve comme telle, parce que je puis m'imaginer quelque chose, sans que ce soit effectif, comme Kant l'a dit ; si je

1. *Existenz.*
2. *Inbegriff.*

crois, pense, ou m'imagine que j'ai cent thalers, je ne les ai pas encore pour autant.

Dans cette preuve ontologique on présupposera donc l'être ou être-là de Dieu, comme dans toute autre métaphysique, sans le prouver.

Je ne puis placer l'être de Dieu face à moi, pas plus que face à la
pensée qui est à l'œuvre dans la preuve ontologique; | car par là est 47
posé quelque chose qui n'est pas Dieu; à côté de l'être de Dieu se
trouve placé un autre être, par quoi cesse le concept de Dieu. L'être
véritable est aussi être de la pensée, mais l'être véritable n'est pas
seulement pensée. – Les deux sont pour soi identiques. [L']être est
immédiateté, relation simple à soi-même. L'être est détermination
immédiate et ce par quoi la logique doit commencer en premier.

Les pensées fondamentales véritables dans les preuves de l'être-là de Dieu sont :

1. La variété des preuves indique divers degrés de détermination de l'Idée absolue qui ne doivent pas cependant être pris de façon empirique et contingente, mais reconnus dans leur enchaînement nécessaire comme se déduisant l'un de l'autre dans la logique.

2. Les preuves qui partent d'un être plus abstrait ou concret contiennent ceci : la vérité de l'être-là fini est l'être absolu.

3. Mais la [preuve] partant du concept : la vérité du concept subjectif est le concept objectif, non l'objet[1] comme tel, car celui-ci est opposé au sujet, mais l'Idée absolue.

4. La forme de la preuve a somme toute son fondement dans le besoin rationnel de connaître la médiation de l'Idée absolue avec soi, et en outre dans le point de vue déterminé que la raison subjective consciente de soi constitue elle-même un moment de cette médiation.

La variété des preuves indique quelque chose de déficient. La preuve véritable ne peut être que simple. Ainsi la manière diverse de prouver l'être-là de Dieu provenait des divers degrés de connaissance de l'homme.

Ainsi y a-t-il de nombreuses preuves pour l'être-là de Dieu; par exemple on commence à partir du contingent, on peut alors conclure par là au nécessaire, à partir d'un vivant à la vie, etc.

1. *Objekt.*

48 | Si l'on détermine ce qu'est la mesure, on peut alors déduire également celle-ci de la qualité, – et si nous revenons à son essence, nous devons alors également désigner Dieu comme la mesure.

On ne peut pas dire : « Puisqu'il y a un être fini, il y a aussi un être absolu. », mais plutôt : « Puisque l'être fini est un néant, pour cette raison l'être absolu est l'être véritable. »

La vérité du concept subjectif est le concept objectif.

La forme concerne le besoin de la raison de connaître Dieu. – Je me rapporte à Dieu comme un subjectif, enseignait la métaphysique ancienne, et dois connaître Dieu comme un objectif. On cherchait donc Dieu particulièrement dans la nature. Seulement Dieu comme un esprit se révèle aussi dans mon esprit. On peut et l'on doit donc chercher Dieu aussi dans la conscience de soi et il nous est ici encore plus proche que dans la nature.

6 juin, très beau temps

[3.] Les propriétés de Dieu apparaissent comme des déterminations pour lesquelles on est parti de n'importe quel aspect universel de l'être-là du monde ou de l'homme et qui expriment un certain rapport de celui-ci à Dieu ; mais comme le concept de ce dernier s'est évanoui en un au-delà vide, ces rapports ont donc perdu leurs côté et signification objectifs et se sont réduits à des orientations subjectives du cœur vers un inconnu, et il ne resta donc à la théologie que la religion comme un sentiment subjectif et une disposition, le moment unilatéral de la vérité, selon lequel Dieu comme esprit a dans la conscience de soi son existence plus haute que dans la nature et dans l'abstraction.

On se représentait jadis l'essence séparée des propriétés et puis on les lui attribuait alors seulement.

Mais on impute une propriété[1] à un sujet comme à quelque chose qui est en repos, cependant non comme moment vivant du sujet lui-
49 même ; | c'est pourquoi l'on dit aussi : « Ces propriétés-ci ou celles-là lui reviennent. », comme si en quelque sorte elles étaient adjointes de l'extérieur, alors que l'essence n'est pourtant elle-même rien d'autre que propriété même.

On attribuait ainsi à Dieu de nombreuses propriétés qui contiennent toujours le suprême et l'ultime, par exemple bonté, justice, sainteté, etc.

1. *Eigenschaft.*

On a d'abord reconnu l'être-là de Dieu dans la nature, d'où l'origine du culte naturel.
Mais alors on le prenait pour l'abstraction suprême. Pourtant on peut aussi le considérer comme pur esprit même là où il vit aussi dans la nature. – On doit en outre encore le reconnaître comme identité du spirituel et du matériel, etc. C'est de ces réflexions qu'est née alors la religion de la nature[1].

Ad § 26

La métaphysique, qui avait ramené les objets de l'intérêt absolu de la raison dans la sphère de l'entendement et de ses formes finies et lié de façon indissoluble l'absolument hétérogène, a dû se scinder en deux côtés :

1. où l'on rejetait les formes finies du penser et le besoin de la raison s'est réfugié dans le sentiment, l'intuition et le savoir immédiat de l'absolu[2],

2. où l'on abandonnait le contenu rationnel et où l'entendement se transformait avec l'être-là fini, en [quelque chose d'] ultime, d'où procéda le point de vue de l'athéisme aussi bien que l'*Aufklärung*[3] de l'utilité.

Les formes finies du penser furent rejetées ; c'était l'un des côtés, l'autre consistait en un rejet de l'infini et une transformation de l'entendement ainsi lui-même en ce qui est suprême.
Fins finies : on a ainsi posé l'utile et ce qui apaisait la soif de savoir à la place de l'être suprême. – D'où les nombreuses inventions utiles que l'on a faites depuis l'époque de l'*Aufklärung* universelle. Après que les pommes de terre eurent été connues et universellement propagées, on découvrit le paratonnerre, etc.

1. *Naturreligion.*

2. Nous lisons *Ahnung* (qui désigne l'intuition au sens large) au lieu de *Ahndung* (la vengeance, le châtiment), comme dans l'édition allemande, car ce mot est trop extérieur au contexte.

3. Le mot *Aufklärung* est pris ici dans le double sens d'une « mise en lumière » (du principe de l'utilité) et des Lumières comme moment historique (fondé effectivement sur le principe de l'utilité). Depuis la *Phénoménologie de l'esprit*, Hegel lie l'esprit des Lumières à la pensée de l'utilitarisme, la maîtrise sur les choses qui témoigne de la subjectivité consciente de soi relativisant alors l'être de celle-ci, mais se limitant en retour à une conscience jouisseuse pratique.

50 | Cette issue-là s'en tient au contenu et à l'encontre du connaître, en ce que le vrai n'est pas un médiatisé, mais immédiat en et pour soi, mais cette issue-ci [s'en tient] à la forme, selon laquelle ce qui est vrai doit être pensé et connu et ne peut être comme contenu un donné pour le penser, mais doit tout simplement être connu par moi et je dois avoir la compréhension et le concept de celui-ci.

Le 9 juin. Très beau temps

Mais à propos de ces deux cotés on doit reconnaître qu'ils ne sont qu'unilatéraux.

L'homme[1] peut être enfantin, mais il ne doit pas devenir infantile, s'il ne veut pas devenir une créature hybride. Le temps entraine certes beaucoup de modifications, mais il ne ramène jamais complètement à l'ancien état de choses, même s'il introduit un recul, ce n'est que pour se précipiter encore plus fortement[2] en avant avec les nouvelles forces[3] rassemblées.

L'entendement, si dépourvu de cœur et de Dieu qu'il puisse paraître, contient pourtant un moment absolu et essentiel. Ce que je dois reconnaître ne peut élever cette prétention qu'en tant que je veux le connaître ; la simple autorité n'est pas suffisante, cela doit se montrer comme provenant aussi de mon concept et concordant avec lui.

Les deux ont en commun l'un avec l'autre d'être dirigés contre la raison comme connaissance de l'infini. Cette direction a elle-même deux sortes de formes : l'une, indiquée au § 26, qui en reste à l'expérience immédiate, *i. e.* à la perception sensible, telle qu'elle est prise par l'entendement inconscient qui est au-dessus d'elle-même. Mais la réflexion que cet entendement a disposée au-dessus de soi a d'abord fait prendre conscience de ce que les déterminations de *nécessité* et d'*universalité*, que l'expérience attribue à ses connaissances, ne se trouvent pas dans la perception elle-
51 même qui n'offre | qu'une succession ou une simultanéité se produisant *souvent*, par suite aussi [une] liaison contingente des phénomènes. C'est de cette remarque qu'est né le scepticisme moderne qui réduisit la nécessité et universalité des lois à une représentation subjective, injustifiée, et une habitude. C'est à ce scepticisme particulier que s'opposa la philosophie kantienne.

1. *Der Mann.*
2. *Kräftig.*
3. *Kräften.*

On a établi, dans la philosophie moderne, le principe selon lequel toute connaissance doit avoir à sa base l'expérience. Cela signifiait en premier lieu qu'on devrait ouvrir les yeux pour saisir avec les sens cela même qu'on voudrait ensuite élever à la connaissance par des concepts. – Cela avait l'avantage de requérir partout [la] présence de l'esprit. Les philosophies anglaise et française et pour une part aussi l'allemande s'appuient encore sur cet élément fondamental de la connaissance. Seulement, si l'on considère l'extérieur comme l'essentiel, on doit alors pourtant utiliser, de l'autre côté, les concepts de l'entendement, pour ordonner le matériel du dehors. Ce subjectif fut présenté et développé scientifiquement par la critique de la raison, où cela importe surtout, en tant que le savoir et la science ne se forment que par la réflexion.

Dans l'expérience comme telle il n'est aucune universalité ni aucune vérité.

Locke a développé comment [nous] percevons et avons à percevoir.

Hume a montré comment l'appréhension sensible ne donne ni universalité ni vérité comme telles.

Hume montra comment beaucoup de ce que nous reconnaissons comme nécessaire n'est qu'impressions de jeunesse.

Ad § 27

La philosophie critique a pour objet l'examen du connaître. Elle n'a pas formulé la question générale de la métaphysique | ainsi : « Qu'est-ce qui est **52**
vrai en et pour soi ? », ni eu égard au connaître : « Quelle en est la vérité ? », mais elle a présupposé et admis dans cet examen une représentation psychologique du connaître et des divers aspects de celui-ci.

10 juin 1817. Très beau temps

La philosophie kantienne ne demandait pas : « Qu'est-ce que le vrai en soi ? », mais seulement : « Qu'est-ce que le vrai du connaître ? » – Elle en vint par conséquent surtout aux rapports psychologiques et chercha à les déterminer et les purifier. On n'y montrait pas les divers côtés de l'âme et leurs passages l'un dans l'autre, comment aucun ne peut contenir en soi et pour soi la vérité.

La critique de la faculté de connaître se donne la tâche d'examiner si cet instrument a la capacité de saisir l'absolu. L'absolu est d'abord la pensée vide, simplement négative, de l'infini ; mais sa connaissance serait le saisir de ses déterminations internes. Puisque ce saisir n'est pas un accueillir externe par sentiment ou intuitionner, ce ne peut alors être que l'activité propre de la raison, qui développe le contenu de cet [absolu] à partir de soi et produit en lui des différences. Cela étant, la philosophie kantienne borne un tel produire et différencier à une simple activité de l'entendement et aux catégories de celui-ci.

Si l'on considère la faculté de connaître de l'homme comme simple instrument qui fait face comme subjectif à l'objectif, il en résulte alors un dualisme, par lequel il est impossible d'atteindre la vérité. Seul le connaître contient d'un coté la subjectivité elle-même, tandis que d'un autre coté il doit aussi contenir dans le connu l'objectivité en soi.

Il est, comme connaître indéterminé, encore complètement vide et sans configuration, il est quelque chose de complètement et purement simple en soi. – On peut admettre l'intelligence comme
53 du simplement passif, dans lequel le vrai | doit seulement être inscrit, ou bien comme de l'actif, qui produit la vérité par activité propre en soi-même.

Elle n'admet alors pas

1. la connaissance sensible, à savoir la sensation et l'intuition, comme le fondement du vrai, parce qu'elle ne contient que du singulier et du contingent,

2. elle ne conçoit pas le penser et sa détermination comme la forme abstraite de l'identité mais, sous le nom de propositions synthétiques *a priori*, comme un concret, de sorte que le penser ou Moi est le déterminer et la différence en soi-même. Cette philosophie a par là posé le fondement de la véritable connaissance du Concept. Elle en reste pourtant

3. à la finité des concepts, c'est-à-dire à l'opposition de la déterminité comme telle à l'encontre de l'identité, et en l'occurrence sous cette forme que le penser appartienne à la conscience de soi et se tienne comme entendement subjectif face à la chose en soi.

L'esthétique signifie à proprement parler le senti, la science du beau. – L'esthétique transcendante est une esthétique qui prend son vol au-dessus de ce qui est bas, qui ne s'abaisse pas jusqu'au fini, mais a pour objet l'infini lui-même. La philosophie kantienne considère donc d'abord le sensible en général. – Les couleurs sont le matériel, les formes sont l'idéel. Celles-ci sont l'universel et la philosophie kantienne ne se mêle que de celui-ci. Espace et temps se trouvent à son fondement. Mais espace et temps sont posés par le

sujet, par le Moi, d'où un objet de la connaissance *a priori*. Ces formes sont donc un universel, un infini.
La philosophie kantienne ne pose absolument pas la vérité dans la connaissance.
Kant prend en considération [le fait] que *Je* sois l'universalité même et que donc, dès que le Moi reconnaît quelque chose comme vrai, la connaissance est elle-même une connaissance universelle.

11 juin 1817. Temps couvert

Ce Moi se tient, d'après Kant, comme simple subjectivité, face à la matière ou à la multiplicité des représentations. – Le sensible | est **54**
l'étant-extérieur-à-soi, cela, pris abstraitement, apparaît comme espace et temps.
Les formes déterminées de l'unification du divers des représentations dans la conscience forment ce qu'on nomme les catégories; celles-ci forment le logique en général.

Ad § 28

Nous distinguons la perception de l'expérience. Nous accordons comme vrai le perçu[1], sans avoir reconnu ni élevé à la conscience sa nécessité. Mais si nous pouvons dire de l'objet de l'expérience qu'il est, c'est parce que nous l'élevons à notre conscience même et avons été effectivement persuadés de sa vérité.
Si je dis: « Il y a quelque chose. », ce jugement peut alors être un simple résultat de la perception, mais si je dis: « C'est du papier. », alors mon jugement repose déjà sur [l']expérience.
La philosophie kantienne a d'abord avancé la proposition selon laquelle la raison de…[2].

1. Rappelons la présence, mainte fois soulignée par Hegel, du mot « vrai » (*das Wahre*) dans le mot « perçu » (*das Wahrgenommene*) en allemand, même si cela n'indique certes pas la réduction du vrai au perçu.

2. Phrase non terminée dans le manuscrit.

Ad § 31

[1.] La différenciation entre l'entendement comme connaître fini, et la raison comme connaître de l'infini est certes à considérer comme l'un des principaux pas de la philosophie kantienne. Mais elle oublie, en ce qui concerne l'infini, que le Moi, qui est lui-même concept synthétique, est déjà en soi-même l'infini, parce que comme tel il n'a pas un opposé ou [un] autre hors de lui, mais dans sa détermination. Ainsi par exemple la causalité est-elle certes un rapport, et [certes un rapport] fini, dans la mesure où il doit y avoir comme la cause un *être* originaire autre que l'effet.

55 | Mais le concept de ce rapport même est infini, puisqu'il est la totalité et unité de celui-ci, dans laquelle donc la cause n'est pas un autre vis-à-vis de l'effet, ni l'effet un autre que la cause, ainsi ce rapport lui-même, comme il devait être d'abord, est supprimé. On l'a donc exprimé, en tant que rapport absolu, comme la *causa sui*, ce qui n'est rien d'autre que le concept lui-même.

12 juin 1817

On prend ici l'entendement comme faculté de connaître du fini, mais la raison comme faculté de connaissance de l'infini, et à la vérité du positivement infini. (Il faut dire qu'il y a encore un négativement infini, ce qui n'est rien d'autre néanmoins qu'une abstraction infinie.) Mais sous positivement infini nous comprenons l'absolu lui-même.

Si la philosophie kantienne [avait eu] le concept que le Moi est l'infini tout simplement, elle n'aurait alors pas pu en venir au résultat que Dieu serait tout simplement l'inconnaissable, mais bien plutôt que, puisque le Moi comme infini[1] n'est que l'objet de lui-même dans la connaissance, il est en soi la totalité, l'accompli en soi, que ce *Moi* en se connaissant lui-même [se] reconnaît comme l'absolu lui-même.

Dieu est la cause et l'effet de soi-même, *causa sui*, et comme tel le concept. Le concept est l'universel, mais l'universel comme actif, comme se posant, et comme tel l'effectif simple, se posant soi-même, et cet effectif est la réflexion, l'un posant dans l'universalité ; – unité du posant et du posé. On connaît ainsi le concept du concept. Dans la logique on parle aussi du concept, mais on n'entend là-dessous habituellement que l'abstrait, qui, comme tel, n'est qu'unilatéral et ne contient en soi pas de réalité.

1. *Unendliches.*

| On a déterminé la raison comme l'infini, et on a affirmé d'après [la] philosophie kantienne, qu'elle ne connaît pas selon des catégories, mais qu'elle les survole (de façon transcendante). 56

D'après Kant les paralogismes consistent seulement en ce que je suis seulement pensant, que *je* n'ai pas d'être-là, que je sais seulement que je suis, à partir de quoi je ne préjuge d'aucune catégorie ; il dit qu'il n'a pas le moindre concept de *Moi*, – or c'est ce qu'il y a de pire dans toutes les affirmations ; car si je me connais, alors l'activité en moi est justement le concept comme tel, le Moi. Le Moi est donc l'activité libre de ma conscience. Il[1] présuppose que l'essence de mon *Moi* est la substance ; de celle-ci je ne pourrais rien savoir, mais le Moi connaîtrait seulement que je suis moi, par conséquent que je connais dans la conscience seulement mon être-là. Il croit que le prédicat de substance serait trop bon pour le *Moi* ; la substance est, en effet, ce qui persiste.

Seulement c'est bien plutôt le pire.

Moi comme le libre est le plus noble et n'est pas à comparer à l'être, considéré comme un prédicat fini.

2. D'égale importance est la pensée kantienne des antinomies de la raison, selon laquelle ces contradictions précisément ne sont pas simplement une illusion sophistique, dans la mesure où la raison y tombe bien plutôt nécessairement par elle-même, en tant que précisément comme faculté de l'infini elle élève les phénomènes[2] de l'être-là à une totalité de leur synthèse et doit faire valoir en eux le principe de l'unité inconditionnée, mais de l'autre côté, en tant qu'elle reste précisément seulement réflexion, elle a le fini comme fondement de sa matière et de son contenu, elle ne présente donc que la contradiction des deux principes dans leur relation.

Ces antinomies ont, entre autres choses, l'intérêt de reposer à proprement parler sur le contenu des catégories et de concerner en soi leur antagonisme nécessaire. La prétendue solution kantienne consiste en ce que l'antagonisme irrésolu reste pour elle le point ultime, en ajoutant que les objets dans lesquels il se trouve | sont des phénomènes, mais qu'il ne 57
concerne pas les choses en soi, c'est-à-dire que ce n'est pas la chose extérieure en et pour soi-même, mais seulement la raison et le connaître de

1. Kant.

2. *Erscheinungen.* Vu le contexte kantien, le terme de phénomène s'impose dans tout ce passage.

l'esprit qui sont nécessairement quelque chose d'errant, de contradictoire et de phénoménal.

13 juin 1817. Très beau temps

Par antinomie on entend deux opinions métaphysiques opposées l'une à l'autre, dont on peut prouver aussi bien l'une que l'autre, comme par exemple : la matière consiste en atomes, ou bien elle est divisible à l'infini.

Ces antinomies proviennent de ce que d'une part la raison est la faculté de connaissance de l'infini, mais que d'autre part l'objet de l'entendement est un fini.

Les antinomies expriment donc d'un coté l'identité, l'infini, mais de l'autre, le borné[1], le fini. Ainsi donc surgit un antagonisme. – L'essentiel consiste en ce que ni le fini ni l'infini comme tel ne contient la vérité, mais que celle-ci, élevée au-dessus des deux, réside dans le simple concret, l'unité des deux.

Les choses sont phénomènes, la vérité n'est pas en elles, mais c'est dans l'esprit qu'est la vérité. On affirmait pourtant le contraire.

Ad § 33

La philosophie kantienne, puisqu'elle tient pour ultime le connaître subjectif et l'identité abstraite du penser, est donc restée pour l'aspect théorétique dans le principe de l'*Aufklärung* et de l'utilité et philosophie de l'entendement et n'en est que l'accomplissement méthodique.

Pour la volonté par contre elle reconnaît l'autodétermination de la raison par soi, sa liberté, et un but final absolu de celle-ci.

14 juin [1817]

La chose en soi, qui demeure face au connaître subjectif et qu'on ne doit pas pouvoir connaître, se montre bien plutôt comme facilement connaissable. Car elle est déterminée comme ce qui
58 | reste, après qu'on a fait abstraction de tout et de chaque contenu de l'objet, par conséquent le même produit ultime et vide de l'abstraction auquel l'entendement en est venu dans la théologie comme être suprême.

À l'égard de la raison, la philosophie kantienne a proposé un autre concept : elle est l'universel de la volonté, son caractère est absolue universalité, mais en même temps aussi liberté illimitée. La raison

1. *Beschränkte*.

supprime l'indéterminité et peut tout élever à la complète abstraction.

Mais la raison n'est qu'une dans le connaître et le vouloir, elle est théorique ou pratique. Ces caractéristiques ne sont pourtant que déterminations subordonnées et ne concernent pas son essence, qui est unité et universalité. La raison se rapporte à soi comme son objet[1], elle est donc objet[2] de sa connaissance. Il est donc faux que l'on puisse former le cœur sans former en même temps la raison, ou que l'on doive se garder de la formation de la raison pour ne pas nuire à la formation du cœur.

« Quelque chose en soi » signifie, comme il est dans le penser, dans la réflexion ou [l']abstraction. L'absolu est en et pour soi, se connaît et se contemple soi-même. Dans le premier cas, l'en-soi est un objet, là où [le] Moi est le sujet. L'en-et-pour-soi est le pensant et le pensé en unité.

Kant a le plus grand respect pour cette chose en soi ; mais il conteste que celle-ci puisse être connue. Cependant la chose en soi est toujours un présupposé, et la question est seulement : « Qu'est-ce que la chose en soi qui est présupposée ? » et celle-ci est alors ce qui reste quand je fais abstraction de tout déterminé ; par exemple si je me prends pour objet de la connaissance et fais abstraction de tout déterminé, par exemple mémoire, sentiment, figure, faculté de l'âme singulière, etc., alors c'est le vide complet (le *caput mortuum*), la plus haute | abstraction, la chose en soi. Ainsi peut-on 59
alors connaître la chose en soi comme le simple indéterminé, ce qui relève purement de l'entendement[3].

La chose en soi est donc l'identité formelle vide.

N'est objet de l'expérience selon *Kant* que ce dont on peut avoir l'expérience, pas seulement alors [l']extérieur, que l'on peut connaître par les sens externes, mais aussi ce dont on peut avoir l'expérience par des sentiments, etc., non pas par contre ce dont on ne peut avoir l'expérience d'aucune façon, comme l'absolu ou la divinité.

1. *Gegenstand.*
2. *Objekt.*
3. *Das rein Verständige.*

Ad § 34

La réfutation du point de vue kantien ou même soi-disant sceptique doit se faire, comme chaque réfutation véritable, de telle sorte que l'on concède totalement celui-ci et que l'on ne fixe que ce qui est contenu en lui-même, d'où il s'ensuit qu'il contient immédiatement le contraire de ce que ses déterminations doivent être. Se produisent à cet égard les tournures suivantes plus précises :

1. on doit concéder qu'un connaître, qui se rapporte à une *chose en soi* se trouvant extérieure à lui, est un [connaître] fini et ne concerne que des phénomènes.

2. Dans la mesure où ce connaître déclare lui-même qu'il n'y a pas de vérité en lui, il s'exprime essentiellement comme une relation à un autre et se pose [comme] un critère de la vérité, et l'on contredit par là la pensée d'une critique de la faculté de connaître isolée.

3. Le connaître ne contient que des phénomènes, il est ainsi l'identité d'un contenu ou de moments différents, non l'identité vide, comme le penser de la raison doit être selon le résultat.

La dialectique est l'admission de l'affirmation sans réfutation, où l'on a seulement en soi la division de l'affirmation admise, la présentation de ce que dans l'affirmé est bien plutôt contenu le contraire de ce qui a été affirmé. On ne doit donc pas concéder seulement le point de vue sceptique de façon momentanée, mais
60 véritable, seulement il ne faut pas | l'admettre comme le point de vue ultime. Le conflit et le non-vrai de toutes les philosophies consistent en ce qu'elles croient être le point de vue ultime et suprême. Toutes contiennent quelque chose de vrai, mais seulement en tant qu'elles sont prises de leur point de vue et connues en lui. Mais elles sont fausses sitôt qu'elles s'imaginent avoir saisi l'ultime et suprême point de vue et tiennent tous les autres pour nuls à cause de cela.

On doit donc concéder le point de vue sceptique, mais l'affaire principale consiste à reconnaître ce qui s'exprime en lui.

4. Le contenu du connaître consiste dans des phénomènes, *i. e.* un être-là supprimé. On exprime ainsi le phénomène comme unité de l'être et du non-être. 16 juin 1817. Très beau temps

5. Ainsi l'être sensible multiple est-il comme phénomène dans le penser, et sa vérité doit être qu'il est phénomène. La vérité de cet [être] est ainsi dans le penser.

> C'est un fait de la conscience qu'elle a un savoir des phénomènes. Si on ne considère ici que ce qui est connu, nous obtenons alors la vérité. Le phénomène n'est pas le non[1], mais un être-là. Mais, de l'autre côté, il est aussi un non-être, un être-supprimé de l'être. Par l'expression « phénomène », on exprime donc être et non-être. Le phénomène de la raison est le penser, en lui est donc la vérité de l'être sensible. – Même l'être sensible comme tel n'a pas d'autre vérité que d'être phénomène. La vérité n'est rien en dehors du penser.

6. Mais puisqu'on fixe le penser comme [quelque chose de] subjectif, alors on abandonne ce concept du penser et de l'être tel qu'il est en lui, et la chose en soi extérieure au connaître doit être le vrai. Mais le penser n'existe pas seulement selon le concept indiqué et est, en ce qui concerne la certitude, le fait de la conscience le plus certain, mais même la chose en soi, qui doit être en dehors de moi et | un autre que mon penser, est elle-même dans 61
cette pensée mienne et n'est en dehors de moi immédiatement tout aussi bien pas hors de moi.

> Dans l'intuition il n'y a pas seulement un subjectif, mais un subjectif et un objectif en unité. Le penser est donc unité. La conscience est pour cela le plus certain. Quand je dis « je », je m'examine alors, me transforme donc moi-même en objet de ma connaissance. La pierre est en dehors de moi. Si je dis : « la chose en soi », je comprends alors quelque chose, qui est en moi. – Si on observe seulement, c'est alors la *totalité*, ce qui est véritablement donné, qu'on observe.

7. À cause de l'identité présupposée, je dois oublier cette effectivité du penser et faire abstraction du fait que la chose en soi est dans ma conscience et pensée.

Ainsi doit-elle être, après cette abstraction de toutes les déterminités, le positif, identique avec soi, non [le] posé en et par un autre.

1. *Das Nicht.*

Mais, à cause de cette abstraction, elle est le purement négatif et posé par elle, de même qu'elle doit aussi être ce qui n'apparaît pas, qui doit pourtant être apparaître pour un autre, à savoir pour mon esprit[1].

8. On pense à cet égard en outre même que la chose en soi serait ainsi le vrai, en ce qu'à l'une de mes impressions sensibles, qui serait déterminée par elle, une détermination correspondrait en celle-ci, mais que j'ignorerais seulement comment celle-ci se trouverait en elle. En ce qui concerne maintenant mon savoir de la chose en soi, je sais

a. certes d'elle, qu'elle doit être le purement indéterminé, mais qu'elle serait en même temps déterminée en et pour soi, et je n'en sais ici certes pas plus d'elle, puisque je ne me meus ici que dans cette ultime abstraction.

b. Plus précisément je sais cela, à savoir que la déterminité, telle qu'elle serait non dans mon expérience, mais dans la chose en soi, doit être autre
62 que sensible, mais l'autre du sensible est ici lui-même | indiqué comme le penser. Le résultat de ce revirement devient donc ceci : Le vrai, aussi bien comme de l'abstraitement identique que même selon sa déterminité ou [son] contenu, appartient au penser, qui n'est pourtant justement par là également rien de subjectif, mais l'identité de l'identité et de la non-identité.

Le vrai est la chose en soi. Celle-ci n'est rien « d'extérieur à moi », mais « en moi », dans le penser la pensée elle-même, l'identité du penser, *i. e.* de soi-même et de ce qui [est] extérieur à lui. – Cette chose en soi est le purement positif, abstraction faite de tout extérieur. Elle doit être en soi, cela exprime sa positivité. – La liberté est le pur être-pour-soi, la pure négativité qui se saisit soi-même. L'abstraire est une activité, par cette activité se trouve posée la chose en soi elle-même.

17 juin 1817. Très beau temps

La chose en soi doit être la Chose, puisqu'elle n'apparaît pas, comme elle serait en et pour soi-même; elle doit se trouver au fondement de tous nos sentiments et [de toutes nos] pensées, mais comme telle ne pas y apparaître elle-même.

La réflexion dit : « Tous les phénomènes sont pour moi clairs, seule la chose en soi est pour moi le lointain, l'inconnaissable. »

La chose en soi est ainsi la pure identité du penser, le pur penser, le purement pensé.

1. *Das doch Erscheinen für ein Anderes, nämlich für meinen Sinn sein soll.*

Des déterminations subjectives ne peuvent pas revenir à la chose en soi; par exemple le fait que je vois un objet bleu, vert, etc., cela ne doit pas se trouver dans la chose en soi.
La chose en soi contiendrait le fondement de ce que je vois quelque chose bleu ou rouge, etc.
Si l'on me demande comment le blanc, qui m'apparaît, s'obtient en et pour soi, je ne peux le saisir et l'expliquer que dans son enchaînement, dans sa totalité. – Mais l'étude de ces objets appartient alors à l'étude de la nature. La philosophie de la nature ou physique doit expliquer et présenter le concept des couleurs et leur sens, montrer quel point de vue | du concept elles occupent dans la **63**
totalité, ce qu'est leur en-et-pour-soi.
Le monde en soi est l'autre [monde] que celui de l'expérience, *i. e.* la pensée, l'indéterminé en opposition au déterminé. D'un côté le vrai est l'absolument abstrait, le purement identique. Mais de l'autre côté il est le plus concret lui-même. Que nous nommions Dieu la chose en soi, l'être suprême, le purement identique, etc., cela revient au même, et l'on ne doit pas se laisser prendre à la lettre ou au son. *Jacobi* dit: «Nous vivons tous dans la foi», pensée que combat *Mendelssohn*. – Le savoir, rapporté aux objets sensibles, apparaît comme un savoir immédiat, seulement en vérité il ne l'est pas. Ainsi par exemple ce point sur le papier n'est pas immédiat, il existe seulement en lien avec d'autres points et d'autres objets, par lesquels existe le matériau sur lequel il se trouve. – C'est la raison pour laquelle nous devons dire que même le connaître sensible est au plus haut point un médiatisé.

19 juin, encore mauvais

Volonté et connaissance ne sont de même pas séparées l'une de l'autre.

Ad § 36

Puisque la science logique ne présuppose rien d'autre que de devoir être la science du pur penser, comme par exemple la plante est objet de la botanique, rien n'est ainsi alors présent que cet objet sien, le penser. Si celui-ci est pris comme l'objet provenant de l'abstraction, alors ce dernier est ce que nous avons vu en tant que l'être suprême ou la chose en soi. Ce résultat ou la vérité de la

20 juin 1817. Très beau temps. Malheureusement trop chaud.

64 philosophie de la réflexion abstrayante | est par conséquent le commencement de la logique, ce qui relève purement de l'entendement, dont on a déjà considéré également la dialectique.

Ad § 37

1. À propos de cette division, il faut remarquer, comme pour le concept de la logique, qu'elle est anticipée et que, selon sa nécessité, le développement du contenu doit s'opérer à même lui dans ses diverses parties.

2. Le rapport plus précis des trois parties de la logique, c'est que la troisième, le concept ou l'Idée, est seule le vrai, tandis que les deux premiers moments, l'être et l'essence, n'ont pour soi aucune vérité ni effectivité, mais en partie existent comme tels seulement dans le penser subjectif, qui maintient les moments du concept dans leur abstraction et comme hors de lui, en partie cependant sont les formes sous lesquelles le concept a être-là dans son extériorisation, à savoir comme nature et esprit fini. Il faut différencier les deux côtés en tout : son concept étant en et pour soi et l'être-là de celui-ci.

La philosophie ne connaît toujours dans le fini que l'intérieur, *i. e.* ce qui entre dans l'existence, comme il est. Mais l'existence qui ne correspond pas est le système des moments conceptuels tels qu'ils sont comme extérieurs ; les formes des deux premières parties sont donc des concepts déterminés, *i. e.* en et pour soi le concept, celui-ci néanmoins non pas posé comme tel, mais existant dans une déterminité.

> Qualités et quantités, la mesure en général n'existent pas comme telles, mais leur existence n'est que dans le penser subjectif. Elles ne contiennent pas de vérité objective. Où elles existent, il y a une simple pensée. Mais le concept, l'Idée comme telle existe. Le concept doit de façon générale se dépasser soi-même[1], il est lui-même moment dialectique. Le concept est l'intérieur. Dans la nature et dans l'esprit l'essentiel est l'intérieur, par conséquent le concept. Mais l'existence est l'extérieur et contient la quantité et qualité des choses.
>
> 65 | Ce que la logique objective contient en soi est un extérieur. Ce que la logique subjective contient en soi est l'intérieur. Seules les deux forment la totalité dans laquelle consiste l'essence.

1. *Ueber sich selbst hinausgehen.*

3. Les deux premières parties présentent la genèse du concept. Le concept ou l'Idée, en s'exprimant subjectivement l'intuition intellectuelle, ne peuvent constituer le commencement, parce que la philosophie, en tant qu'existence de l'Idée dans l'élément du penser lui-même arrive dans le temps, et le commencement ne peut être que l'immédiat.

On ne peut commencer dans la logique que par le commencement, *i. e.* par l'immédiat, l'originairement premier, l'absolu. Autrefois, on commençait par des définitions; ainsi faisait Spinoza, ainsi Schelling, etc. La définition selon laquelle l'absolu est l'identité du fini et de l'infini, nous devons [la] savoir immédiatement, l'intuitionner en nous, en être convaincus au plus profond de nous-mêmes. Ce n'est que de cette manière que l'on exige quelque chose quant au sujet singulier qui ne lui est pas encore démontré. Cette exigence impudente est faite à chaque homme en tant qu'homme. (Ainsi l'enseigne Schelling.)

L'immédiat dans le penser est le pur être. La logique doit donc commencer avec celui-ci. Mais celui-ci, comme on le montrera, n'est pas le vrai.

L'Idée absolue est tout simplement unité véritable; ici tout n'est pas seulement tout ensemble, mais est aussi tout en tout. Cette Idée est Dieu. Cependant Dieu n'est pas simplement un mort, mais un vivant. Le créer éternel se trouve donc nécessairement dans l'essence de la divinité, [la] suite de ce créer est la finité. La finité est donc un moment nécessaire essentiel et éternel. – Le connaître de l'Idée est objet de la philosophie. Celle-ci n'a donc pas de simple *caput mortuum* pour objet, mais l'absolument vivant lui-même.

L'Idée absolue est une, est absolue vérité; mais on la présente dans la philosophie comme une évolution; on peut donc dire: « L'objet de la philosophie n'est pas éternel »; mais d'un autre côté on peut
aussi bien dire également: « La philosophie | est éternelle », parce 66
que cette évolution est un moment nécessaire de l'éternel lui-même.

4. La première partie contient par conséquent l'absolu comme un *immédiat,* la sphère de l'être. Les déterminités sont ici comme *autres* l'une vis-à-vis de l'autre. Leur dialectique ou l'identité du concept apparaît par conséquent en elles comme changement et passage. La seconde partie contient l'absolu comme [quelque chose de] réfléchi, la sphère de l'*essence* et du *paraître*. Les déterminités sont en elle l'immédiat, en tant qu'on les dépasse comme relations à l'autre, réflexion dans soi, qui est en même temps réflexion dans l'autre: rapports. Le côté dialectique est présent déjà dans le rapport lui-même; le concept apparaît en lui comme un *devoir-être*,

qui est alors dans la troisième partie, dans le concept, tout autant comme un *être :* le rapport pris dans l'identité simple de l'être, ou l'être, qui paraît en soi-même, est en repos dans son autre et comme rendu égal à lui.

Dans la connaissance, on intuitionne d'abord un objet, puis la réflexion dépasse l'objet, et finalement l'intuitionné s'unifie à nouveau avec la pensée dans l'Idée ou dans le vrai concept. Nous obtenons ainsi alors la triade de la connaissance.

Dans le devoir-être réside un dualisme qui n'est pas encore réconcilié.

23 juin 1817 Le concept est un rapport, et comme tel, comme [quelque chose d']un, la totalité.

Le Dieu immédiat est la nature – Dieu comme être – « le Dieu »[1], comme dit Jacobi. – Le concept sortant de la nature, ou la nature allant en soi, est l'esprit, Dieu comme pur idéel : réflexion. L'unité de nature et esprit est elle-même la trinité : Dieu dans le concept.

[1.] Cette nature est l'Idée, Dieu existant dans la forme de l'être pur, de l'être l'un-en-dehors-de-l'autre, *in abstracto*, comme formes de l'intuitionné, qui est un pur intuitionné dans l'être.

67 | 2. La nature est du point de vue de la réflexion le point de vue de la matière en général ; la matière en général : objet de la physique.

Le troisième niveau est la vie, le plus haut à quoi la nature peut en venir.

L'esprit est d'abord comme être immédiat, l'âme, âme du monde ; ce qu'il y a d'âme dans l'univers.

En deuxième lieu, il y a le fait que l'esprit, au niveau de la réflexion, de l'essence, est ce qui apparaît.

Le troisième est l'esprit comme esprit, comme l'absolument libre, comme concept. La nature comme existence est soumise à la nécessité, mais l'esprit se détache de ce point de vue comme l'absolument libre.

Le tout du logique est le syllogisme selon lequel l'être par l'intermédiaire du rapport, c'est-à-dire de la médiation, s'enchaîne avec le concept. Il présente l'Idée : les deux premières parties, la réalité,

1. *Das Gott* au lieu de *der Gott*. Hegel se réfère ici à la Préface des œuvres complètes de Jacobi de 1815, dans laquelle celui-ci oppose le Dieu des rationalistes, absolument imparfait qui ne s'identifie qu'à l'éternel et à la seule essence véritable ou *natura naturans* (*das Gott*), au Dieu véritable doté de vie et de personnalité, d'intelligence et de liberté, *der Gott* (Jacobi, *Werke*, Leipzig, 1812-1825, Bd 2, p. 83). *Cf.* Hegel, *Vorlesungen*, Bd. 11, Hambourg, Meiner, 1992, p. 254.

la troisième, le concept. Mais celles-là sont la réalité comme pas encore posée dans le concept, *i. e.* la déterminité du concept comme extérieure à leur identité ou idéalité.

La troisième est donc la réalité retournée dans le concept, l'être et le rapport, en tant qu'il est idéel ou dans le concept, qui est lui-même tout le syllogisme ; en elle se trouvent donc certes les mêmes déterminations que dans les deux premières parties, mais rendues égales à leur opposition, retirées du changement et de la variation, et pour soi comme moments seulement unilatéraux.

> Le concept est l'identité d'extrêmes, il contient donc la totalité. Être et concept sont des extrêmes, penser et être, etc.
>
> Le syllogisme est comparable au centre des deux extrêmes de l'aimant. La réflexion en soi est pour nous certes cette unité, elle ne l'est pourtant pas en et pour soi, mais il n'y a que le concept à être cela. Celui-ci a en lui les moments non plus l'un en dehors de l'autre, mais en même temps. Être et essence sont unifiés en lui. Être et rapport sont les 2 extrêmes, qui constituent l'un avec l'autre la réalité, et le troisième est alors le concept.
>
> 24 juin 1817, très beau temps
>
> | Le concept contient être et rapport, comme ils sont dans leur vérité, 68
> et telle est l'Idée véritable.
>
> Le concept est également l'être, il est le rapport. Il est le simple avec soi. Mais il est aussi l'unité à l'égard [du] différencié et comme telle aussi le rapport.
>
> Tous les moments du concept expriment aussi l'être, mais pas seulement l'être en opposition à la réflexion. Le sujet est le simple qui se trouve au fondement. Chaque aspect du concept est un être, et il est indifférent [de savoir] lequel on nomme être. Ici l'être ne vaut plus comme simple catégorie, mais les caractères particuliers de celle-ci sont ici supprimés.
>
> On prend habituellement le concept pour quelque chose de tout autre que ce qu'il est en soi, et il reçoit son nom de la représentation. – Mais le concept se détermine ainsi de manière complètement subjective selon l'avis de tout un chacun.

Du point de vue du concept, l'être n'est pas le premier, l'immédiat, ni la réflexion, on se contente de partir de ce commencement, mais ils sont bien plutôt posés par le concept et moments idéels de celui-ci. Il se décide donc à laisser aller de manière libre et indépendante ses déterminations immanentes et à leur donner la détermination abstraite de l'être immédiat et du relatif ou du paraître, parce qu'il est lui-même absolument libre. À cause de cette liberté qu'ont ses moments, chacun est en soi la totalité du concept, un système qui s'éprend de soi et présente les autres sphères en lui, ne supprime ses bornes comme inadéquates à son essence, et ne passe dans la sphère supérieure suivante que comme cette totalité immanente.

> Les pays orientaux appellent Dieu celui qui a plusieurs noms.
>
> On n'est dans la Chose qu'en tant qu'on la considère comme un absolu. – Le [moment] suprême d'une sphère est immédiatement le début d'un moment plus haut, parce qu'il est l'accompli. Ce qui apparaît comme borne constitue l'élément où se meut l'absolu.
> 69 | La totalité est à la limite de cette borne, par conséquent l'absolu brise cette borne dans l'accomplissement et débouche sur un [moment] supérieur.

LA THÉORIE DE L'ÊTRE

A. Qualité

A – *ÊTRE*

[*Ad*] § 39[1]

La pensée simple qui est l'objet de la logique, prise dans sa simple immédiateté, est l'être.

La doctrine de l'être contient 3 parties : puisque l'être est en soi le concept, il est donc en même temps l'être avec la négativité ou borne en soi, par conséquent

1. la déterminité ou qualité, c'est-à-dire la déterminité en unité immédiate avec l'être et de même extension que celui-ci.

2. La qualité réfléchie est la quantité, la qualité posée comme se dépassant ou supprimée.

3. L'unité de la *qualité* et de la *quantité* [est] la mesure, l'être en et pour soi déterminé, posé comme concept.

1. Les leçons suivent ici la numérotation, inexacte, de l'édition originale de l'*Encyclopédie* de 1817. Celle-ci passe directement du § 37 au § 39 par lequel débute l'Être. Cette omission d'un numéro de paragraphe n'est pas la seule erreur de numérotation de l'édition originale, comme nous aurons l'occasion de le signaler plus loin. Ainsi d'ailleurs déjà le § 19 avait été faussement désigné comme § 14, erreur rectifiée d'office dans les *Leçons*.

Être est la pensée immédiate; un autre peut entendre par là quelque chose d'autre. Mais ce qui est, est par soi-même, et cela est immédiat, par conséquent l'abstrait, l'abstraction unique de la logique, en même temps le concret, puisqu'il ne peut y avoir rien de plus concret que l'immédiat. Ce concept est le plus simple puisqu'on n'a déjà retranché tout le reste que pour avoir ce concept.
Être est qualité, unité de positif et de négatif. Qualité est un être déterminé et un avec celui-ci.

25 juin 1817. Très beau temps.

La quantité est la qualité qui s'est dépassée soi-même. Elle est le moment de la réflexion, par elle
72 intervient la séparation | entre l'être et sa négation. Si dans la qualité la déterminité change, l'être change alors aussi, par contre pas dans la quantité, où dans le changement de la grandeur le concept pourtant demeure, comme par exemple le concept « maison », etc. Nous n'avons pas de mots allemands pour ces concepts, parce qu'ils désignent quelque chose où sont résumés plusieurs concepts, ce qu'on ne pourrait exprimer en un mot allemand que de manière unilatérale. Ainsi distinguons-nous aussi éthicité[1] et moralité[2]. Ethicité désigne une légalité extérieure, elle est le substantiel, et celui qui pratique l'éthicité s'appelle vertueux. Le moral désigne l'éthicité réfléchie, ne repose que sur la subjectivité.
La mesure a une limite et est de la nature du qualitatif.
La qualité vient en premier comme le plus immédiat, et alors seulement suit la quantité.

La qualité contient trois déterminations ou catégories :

1. l'être comme [quelque chose d'] indéterminé ou universel,

2. l'être comme [quelque chose de] particulier, l'être-là, et

3. l'être comme [quelque chose de] singulier, l'être-pour-soi, l'abstraction de l'être tout simplement déterminé. Mais l'être-pour-soi, la qualité accomplie, est l'immédiateté supprimée de l'être ou la qualité se supprimant soi-même, *i. e.* le passage dans [la] quantité.

Être est l'universel, être-là le particulier, et l'être comme singulier est ce qui est tout simplement déterminé. Dieu est l'être pur. Dieu est l'être-là = Dieu est le monde comme immédiateté; et Dieu est l'être-pour-soi = Dieu est l'atome. L'être-pour-soi est l'idéel,

1. *Sittlichkeit.*
2. *Moralität.*

la négativité, l'immédiateté supprimée de l'être, la qualité se supprimant soi-même.

| De l'être on ne peut absolument rien dire, c'est le pur indéterminé. 73
Dès qu'on dit quelque chose de l'être, ce n'est déjà plus l'être. Si nous disons de lui : « Il est l'immédiat. », c'est déjà une réflexion et [ce n'est] plus l'être comme tel, si je ne retranche pas, même dans la pensée, l'opposé de l'immédiat, à savoir le médiat.

L'être pur est la pure relation à soi-même, l'identité, comme la lumière. Celle-ci est diffusion absolue, une sortie de soi qui reste pourtant toujours identique à soi. Dieu est pur intuitionner absolu et comme tel être ; en tant qu'[il] intuitionne le monde, celui-ci est donc son penser, est l'être pur. Dieu ou l'absolu est l'être pur.

Quand les Anciens parlaient des dieux, ils disaient seulement : « Il faut déterminer ainsi le principe, l'*archè*. »

Réalité[1] signifie être-là. – Après y avoir fait abstraction de la borne[2], il ne nous reste plus en retour que l'être pur. L'être comme être est Dieu.

On doit poser le pur commencement de la philosophie dans l'histoire, par l'affirmation de Xénophane ou surtout Parménide, les maîtres de l'Ecole éléatique, de l'absolu comme l'être, en tant que par là on a fait ressortir la pure pensée sans la figure d'un être-là extérieur, comme auparavant de l'eau ou du feu, et sans la forme d'une représentation, comme par exemple du Chaos ou d'autres dieux. *Parménide* ne disait d'ailleurs pas : « Le vrai est l'être dans tout être-là », mais avec une inspiration énergique : « Seul l'être est, le néant n'est absolument pas. »

Les mythes des Grecs sont des tentatives pour exprimer l'essence des choses, l'être. Ainsi Hésiode part du Chaos. – *Amor* est présenté comme le premier dieu. Amour et abondance seraient le fondement de la naissance du monde. Le besoin, la pulsion[3] présupposent un manque. – Toutes ces formes expriment | la représentation[4] qui est 74
présentée de façon tantôt plus belle, tantôt plus mauvaise, mais contient toujours quelque chose de faux. *Thalès* disait : « Le principe absolu est l'eau. », d'autres le présentaient comme air ou bien comme feu. Pythagore tenait le nombre pour le premier. Seulement tous ces éléments premiers ne sont pas encore abstraits par la

1. *Realität.*
2. *Schranke.*
3. *Trieb.*
4. *Vorstellung.*

pensée, par exemple le nombre est un Un, puis encore un et encore un, etc. – Par conséquent toutes ces philosophies contiennent en soi quelque chose de faux.

Parménide cependant a arraché l'homme à la représentation et dit : « Seul l'être est, et le néant n'est pas. Rien d'autre n'a de vérité. ». Tel est le premier pas de la libération pure des pensées. C'est un pas incroyable dans la philosophie, et l'on peut donc tenir Parménide pour le premier philosophe. Il fut le fondateur de l'école éléatique. *Parménide* commence donc par la chose en soi. L'être, faisant face au penser, a la forme de l'objectif. Selon Kant, la liberté est le pur être de l'homme. – La religion chrétienne a énoncé la pensée que l'homme est identique, est absolument [un] avec l'absolu. Ainsi le sujet se trouva-t-il donc élevé à sa pure dignité. D'où le combat procédant des idées chrétiennes contre l'esclavage et toute haine terrible à l'encontre de l'avilissement de la subjectivité des hommes.

Si on ne comprend rien d'autre par Dieu que l'être pur, on établira alors la preuve de l'être pur par le fait que dans chaque être il y aurait son contraire, etc.

La philosophie fichtéenne, qui est la philosophie kantienne dans sa forme pure et conséquente, a pris pour principe et pour base « Moi = Moi » ou « je suis », parce que le Moi est l'absolument certain, et transformé la philosophie en théorie de la science[1], *i. e.* non pas tant en théorie de la vérité, que plutôt du savoir. Or, le *Moi* est la médiation absolue en soi, non
75 | simplement l'immédiat. Il est en outre dans son immédiateté la conscience empirique singulière d'un individu particulier. En tant qu'on en fait comme immédiat la base et le porteur du tout de la science, surgit alors par là un idéalisme subjectif, et le Moi se maintient dans son immédiateté et dans l'opposition, dont on n'obtient la résolution ultime que par le devoir-être du point de vue de la réflexion.

Descartes aussi, le premier des philosophes modernes, il y a deux cents ans, avait pour principe « *cogito, ergo sum* ». Fichte a commencé par la connaissance que j'ai un savoir de ma conscience ; le fait de pouvoir prendre la conscience pour objet et de le savoir, serait ce qui est premier.

Seulement le Moi n'est pas le vrai commencement. Le Moi doit avoir en soi la médiation, ne doit pas [être] pure immédiateté même. Dans la conscience de soi comme un rapport, nous différencions le

1. *Wissenschaftstheorie*.

subjectif et l'objectif. Certes, « Moi = Moi », est « A = A », mais cela exprime déjà une médiation.

Si donc le Moi est pris comme base, je demeure toujours l'objet, et une contradiction persistante est inévitable ; je dois donc dire : « [Le] Moi est Dieu, etc. ». C'est à cause de ce malentendu qu'on a aussi accusé Fichte d'athéisme.

Quand je parle à vrai dire de Dieu comme personne, cela signifie aussi : « Dieu est Moi » ; seulement ce *Moi* est quelque chose d'autre que le *Moi* fichtéen.

Le *Non-Moi* de Fichte n'est qu'une relation au *Moi*.

Toute philosophie est certes idéalisme, mais l'idéalisme fichtéen est d'un genre propre, parce que le Moi n'est pas devenu fluide, [il est resté] figé dans la singularité.

Ainsi l'opposition n'est-elle pas résolue.

La philosophie *schellingienne* avait réveillé le spinozisme et pris pour commencement la définition de l'absolu comme indifférence absolue du
sujet et de l'objet ou de l'universel et du | particulier. Manque ici pourtant 76
[la] singularité ou la forme, et dans la définition, qui est l'unité des différenciés, se trouvent même l'exigence de la médiation et la détermination que l'absolu n'est pas seulement un immédiat, mais [qu'il est] essentiellement le mouvement, que les différenciés comme tels sont en eux-mêmes le passage dans leur autre et se suppriment dans l'unité.

La substance absolue ne s'est trouvée enrichie 27 [juin],
par la philosophie schellingienne à nouveau que très beau temps.
par la réflexion, mais selon son essence elle ne fait qu'un avec l'être de *Parménide*.

Le défaut de la philosophie de Schelling, c'est qu'il dit simplement : « Dieu est l'indifférence absolue, mais la nature est le particulier, en tant que l'universel se transforme en elle, elle est la forme dans l'absolu. » Quand on parle ainsi, c'est une simple assurance, un poser subjectif, à l'encontre duquel tout autre a le droit d'opposer à nouveau autre chose. Ainsi la forme manque-t-elle à cette présentation. Mais on peut y apporter une forme en déterminant ce que sont le subjectif et l'objectif. S'ils sont uns, alors on ne doit pas seulement l'assurer, mais on doit montrer ce que chacun est pour soi et comment dans chacun l'opposition se supprime par soi.

Ad § 40

[1.] L'être est la détermination la plus pauvre, la plus indigente de toutes, elle n'est rien que la simplicité immédiate ; et ce n'est pas seulement le concept même qui est cette simplicité immédiate, mais elle est le minimum contenu par le concept. La dialectique de l'être est donc d'être en et pour soi l'abstraction complètement vide, que nous avons vue comme la chose en soi, non l'immédiat comme tel, mais plutôt [ce qui] est né de la
77 négation de tout contenu. | Il n'est pas ce qu'il doit être s'il n'est pas cette pure négation, *i. e.* il n'est essentiellement que le pur néant. L'opposition d'être et de néant est absolue, *i. e.* les deux sont sans réflexion ou paraître de l'un dans l'autre. Elle est donc la base abstraite de toute autre opposition, par exemple du fini et de l'infini, du sujet et de l'objet, etc., si ce n'est que ces déterminations sont en elles-mêmes concrètes, *i. e.* dans leur contenu unités de l'être et du néant ou que dans l'une pour soi se trouve aussi posée l'autre et déjà la relation à l'autre.

> *Parménide* disait : « L'être est et le néant n'est absolument pas. ».
> Mais l'on peut dire bien plutôt : « *L'être est,* et *l'être est le néant.* »
> La chose en soi doit être l'être sans aucune condition, sans aucune borne, donc la plus haute abstraction. Ce qu'est donc la chose en soi, elle l'est seulement par la négation ; l'être est donc le complètement vide, complètement indéterminé. La lumière pure est ténèbres, dans la lumière pure je ne vois absolument pas ; ainsi l'être est-il le pur néant.
> Tout ce que nous énoncerons dans la logique repose sur l'être et le néant et est un concret.
> Il n'y a absolument rien dans le monde [sans le non-être]. On peut bien prendre dans la main ce qu'on veut, cela est un positif, c'est-à-dire un borné, fini. Par là est posé un non-être.
> Le papier qui se trouve devant moi est blanc, a telle ou telle taille, est plié de telle ou telle manière. Tout cela ce sont les limites du papier. Les limites sont négation de l'être, donc en soi rien, puisque seul l'être est.
> Dieu est en soi tout être, la réalité absolue ; mais pour notre connaître, il est néant, son néant n'est que dans notre connaître. – Si l'on dit : « Dieu est tout être », on parle improprement ; par « tout » en effet, nous comprenons un concept intégratif de singularités, et nous énonçons ainsi involontairement des bornes.

| On ne peut pas dire comment l'être et le néant se distinguent l'un 78
de l'autre, si l'on ne veut pas penser sous être une matière et empiéter ainsi sur le concret.

L'objectif est anéanti par le subjectif, et le subjectif est ainsi le néant.

Le 28 juin 1817, très beau temps.

Espace et temps se distinguent [l'un] de l'autre comme être et néant.

Le temps est le néant, mais pourtant comme tel activité perpétuelle.

On lie d'habitude l'être à un contenu déterminé et l'on trouve alors une grande contradiction avec le non-être; par exemple c'est une grande différence si la maison est ou n'est pas. Dans le contexte de la perception cela constitue effectivement une grande différence. Seulement je confonds ici la fin[1] avec l'être. Mais la fin doit bien se différencier de l'être et n'a, eu égard à son contenu, absolument pas de valeur pour l'esprit. Être et non-être de la maison comme telle sont complètement indifférents pour l'esprit.

Puisque je peux m'ôter moi-même la vie, je prouve que l'être ou [le] non-être me sont indifférents.

2. L'opposition d'être et de néant n'est, à cause de son abstraction, tout simplement qu'une vue de l'esprit, puisqu'aucune autre détermination où être et néant se différencient n'exprime plus ces déterminations pures; mais autant l'opposition n'est que [quelque chose] de subjectif, non pas du vrai, autant la proposition : « être et néant, [c'] *est la même chose* » est-elle unilatérale. Car cette unité n'exprime que l'être unilatéral, c'est-à-dire l'abstraction de l'opposition de l'être et du néant. Le fait que l'être est néant contient, bien plutôt, l'opposition telle qu'elle est dans cette immédiateté l'apparition[2] du renversement absolu d'un côté dans l'autre. Il en est de même, en second lieu, avec la proposition : « L'unité d'être et de néant est
| néant », qui exprime le moment dialectique de l'unité abstraite, ou [le fait] 79
qu'elle est également une vue de l'esprit[3].

On en reste ainsi de nouveau simplement au néant abstrait, qui est tout aussi bien identité simple avec soi, unité immédiate ou être.

La vérité philosophique ne se laisse pas exprimer en une proposition, puisqu'elle est supprimée en tant même qu'elle se trouve posée.

1. *Zweck.*
2. *Erscheinung.*
3. *Gemeintes.*

Le réfléchir ne peut consister qu'à retenir ce qui est maintenant dans nos pensées.

La chose en soi n'est rien d'autre et rien de meilleur que la raison vraiment pensante.

Si nous disons : « Dans l'absolu tout est un » et si on veut nous demander si donc une maison et un arbre seraient un dans l'absolu, nous devons répondre que nous n'avons, de cette manière, que quelque chose de borné [tiré] de notre représentation, que la maison et l'arbre comme tels ne sont pas, mais que seul est l'être en eux, et cet être dans les deux est un.

Le néant est une unité immédiate et comme telle justement l'être. Si je dis : « L'unité d'être et de néant est néant », j'énonce justement par là aussi qu'il est être. Ainsi toutes ces réflexions se résolvent-elles en [une] unité.

Si je dis : « Être et néant sont différents », j'énonce d'eux la même chose, à savoir « *différents* » et j'affirme ainsi nommément le même d'eux, par conséquent l'unité des deux.

3. Dans la métaphysique d'autrefois, on ramenait l'éternité de la matière à la proposition : « Rien ne vient de rien »[1]. L'étant doit donc originairement être immuable et éternel.

Le 30 juin 1817, très beau temps.

Cette proposition contient sa contradiction en soi-même ; car devenir[2] est un passer non dans le même, mais dans un autre. La proposition ne devrait donc exprimer que la tautologie : « Le néant est néant »[3].

80 | Mais cette proposition aussi n'est rien[4] en tant que le devenu, à savoir l'étant, n'est pareillement pas seulement ce [qui] à partir du néant [est] passé dans le tout simplement autre, mais un être qui est en même temps néant, qui [est] passer.

On s'est particulièrement enquis de savoir si les métaphysiques antiques affirment l'éternité de la matière ou non, si elles admettent la proposition : « *ex nihilo nihil fit* », selon l'expression de *Brücker*[5], ou si elles affirment bien plutôt le contraire.

1. *Aus Nichts wird Nichts.*
2. *Werden ist ein Übergehen.*
3. *Nichts ist Nichts.*
4. Nichtig.
5. J. J. Brücker, auteur d'une *Histoire critique de la philosophie* en cinq tomes (Leipzig, 1742-1744) est maintes fois utilisé par Hegel dans ses *Leçons sur l'histoire de la philosophie*, même si celui-ci ne voit dans l'œuvre de cet auteur qu'une « compilation perspicace, qui n'est

Dans la première considération, la proposition : « Rien ne vient de rien » apparaît contradictoire. Le devenir[1] est en effet une altération de l'être, un passer[2], qui n'est [pourtant ici] en soi pas un passer, mais seulement un mouvement en soi-même. Si je dis « A = A », seul le mouvement identique se trouve exprimé par là, non pas la différence. La proposition devrait donc s'énoncer ainsi : « [le] néant est [le] néant »[3], et c'est alors une pure tautologie. Si l'on demande comment comprendre les mots : « Dieu a créé le monde à partir du néant »[4], un passer est alors posé ici du néant dans le quelque chose[5], et cela veut dire : « Dieu a créé le monde à partir de soi » ; ce néant est alors le fondement simple, l'identité absolue, l'absolument positif ou Dieu lui-même.

Mais c'est simplement la subjectivité divine qui se trouve posée ici, et c'est celle-ci que nous présentons ici comme le néant. Nous représentons de cette façon Dieu comme un être déficient, comme une abstraction de Dieu, et non Dieu dans sa vérité. Nous pouvons de même dire aussi : « Dieu a créé le monde à partir de la matière ». Mais nous posons justement ainsi de nouveau des différences en Dieu, nous opposons la matière à la subjectivité et nous quittons de nouveau le chemin de la vérité.

La différence est le purement actif et libre et a aussi sa valeur. Mais quand on parle des différentes choses, il ne s'agit plus d'être et [de] devenir, mais de quelque chose [de moins] abstrait.

Dans la nature, tout est l'un-à-côté et hors-de-l'autre[6], mais dans l'esprit, dans le vivant, le concept est encore inséparé. Le concevoir[7] | est pour cela difficile, parce que nous sommes habitués à **81**
avoir tout hors et à côté l'un de l'autre[8], mais le concept comprime tout, présente tout comme un. L'être et [le] néant sont le renversement immédiat de l'un dans l'autre, comme [le] penser et [l']intuitionner. Quand je dis de Dieu : « Il est pur penser », je dis donc par là aussi : « Il est pur être » et inversement. Si je dis :

pas purement puisée aux sources mais mêlée à des réflexions selon la mode d'autrefois. », Hegel, *Sämtliche Werke*, Stuttgart/Bad Cannstatt, Fromman, 1964, Bd. 17, § 147.

1. *Werden.*
2. *Übergehen.*
3. *Nichts ist Nichts.*
4. *Nichts.*
5. *Etwas.*
6. *Neben- und außereinander.*
7. *Das Begreifen.*
8. *Außer und nebeneinander.*

« Le point est un », je peux donc aussi dire : « Le point est un étendu, comme tel un multiple, et par conséquent un étant-non-un. »
L'entendement pense toujours qu'il aurait l'un et pas l'autre, et c'est justement pour cela qu'il est entendement, parce qu'il sépare, disjoint.
Il n'est pas vrai que nous n'ayons pas de représentation d'être ni [de] devenir. Toutes les représentations sont un devenir. « *Tout devient* » est une grande pensée de notre connaissance. Le devenir est l'unité d'être et de néant. Dieu est un devenir, un passage, qui est pourtant tout autant un être-dans-soi également. Dans le devenir il y a être et non-être. Mais le passer de l'un dans l'autre, ce milieu, est l'unité entre être et non-être, et c'est le devenir. L'entendement pose les différences d'être et de devenir. Mais la différence est déjà posée dans le devenir lui-même.
On pourrait commencer le logique par le pur commencement. La pensée du commencement peut seule être ce qui est premier. Seulement le commencement comme pensée n'est pas ce qui est purement immédiatement premier, mais cela c'est le pur être ; c'est pourquoi nous commençons par celui-ci. Dans le naître, c'est le non-être le premier, mais, si nous y réfléchissons, dans le disparaître, c'est l'être. Les Orientaux ont particulièrement exprimé cela, par exemple « Le jour de la naissance est le commencement de la mort, le jour de la mort est le commencement de la vie, etc. ».

1er juillet. Très beau temps.

Le *devenir* n'est pas l'unité vide d'être et de néant, mais le résultat déterminé des deux. Être et néant sont un ; car être est la pure abstraction, donc néant, néant est l'être
82 purement abstrait, il est par suite le positif, donc | être. Je ne peux pas exprimer le néant ; il est impensable sans un être. – Quel est le mot pour l'unité d'être et [de] néant ? La réponse est : « Le devenir » ; le concept est l'unité d'être et de néant, il est en et pour soi. On commence habituellement par le mot et on cherche ensuite à connaître le concept. Mais nous partons ici d'abord du concept et cherchons ensuite la désignation des hommes pour le concept.

Dans l'histoire de la philosophie, c'est *Héraclite* qui a abandonné le point de vue de l'être simple ou de l'indéterminé et poursuivi jusqu'au devenir, et a affirmé que l'être n'est pas plus que le néant ou que tout s'écoule, c'est-à-dire tout est en devenir.

Le concept est pour ainsi dire la taupe qui creuse sans cesse à l'intérieur. – *Héraclite* a passé, chez les Anciens, pour l'obscur, σκοτεινός. Mais les pensées principales sont pourtant très claires, même si *Cicéron*, qui n'était absolument pas capable d'entrer dans la spéculation, mais en restait à l'entendement, n'a pas lui-même pu les comprendre.

Héraclite s'exprimait ainsi : « πάντα ῥεῖ », c'est-à-dire seul le devenir est.

Le passage du devenir dans l'être-là est celui-ci : le devenir, où être et néant sont de manière identique, mais sont justement par là seulement supprimés, est une unité simple de ceux-ci, par là le tout lui-même sous la forme de l'être, d'un être qui a pourtant en lui désormais le non-être, ou bien les différences du devenir *sont* tout autant qu'elles sont *supprimées*, mais elles *ne sont* en même temps *que dans cette unité*, de sorte que [l'] *être* est dans celle-ci comme l'être-là vis-à-vis duquel désormais l'être d'abord indéterminé est réduit à une déterminité.

Du devenir provient le quelque chose[1], un devenu. Cela réside dans
le concept du devenir. Le devenir est un processus, son résultat est
l'être-là. Dans le devenu le devenir parvient au | repos. L'être est, 83
envisagé pour lui-même, un indéterminé, mais en se tenant face au
non-être, c'est un déterminé. Or l'être déterminé est ce que nous
appelons un être-là. – Ainsi l'infini est-il, en se tenant face au fini,
un déterminé.

Le scepticisme est toujours unilatéral et par conséquent toujours non-vrai et du néant[2]. Le néant[3] a, comme déterminé, un contenu et est, comme tel, un positif.

[La] déterminité est une *negatio*. « *Omnis determinatio est negatio* » dit Spinoza.

2 juillet 1817

Le néant, dont on a parlé jusqu'à maintenant, est un néant déterminé, donc comme négation, comme néant du néant, un positif et ainsi un être.

La qualité propre est la déterminité étante. La particularité est la déterminité du concept ; par exemple, si je parle de couleur verte, je borne ainsi par là le concept de la couleur. Mais même si j'efface le vert de [la] couleur, il me reste après toujours une couleur.

1. *Etwas*.
2. *Nichtig*.
3. *Nichts*.

L'être-là se divise en trois moments principaux :

1. la qualité
2. limite[1] ou finité,
3. changement.

[1] La qualité est l'unité immédiate de l'être et de la déterminité ; la différence qualitative est donc la différence en et pour soi, de sorte que la déterminité de chacun des différenciés constitue son être, n'est pas seulement quelque chose d'extérieur à lui comme dans la différence quantitative.

> Dans la qualité, l'être est être-là. [La] limite est néant ou finité. Le changement qualitatif est passage dans le néant.
> La différence quantitative est une [différence] seulement extérieure ; lors du changement de la quantité la base reste toujours la même ; par exemple, que quelque chose soit plus grand ou plus petit, [cela] ne change rien à l'essentiel.

84 | La philosophie de Schelling a déterminé l'absolu comme l'indifférence quantitative, de sorte que tout, par exemple bien et mal, Dieu et monde, esprit et nature, etc., ne doive se différencier que quantitativement.

Le fondement de ce malentendu, c'est que les différenciés ne se trouvent certes pas dans le concept suprême comme autosubsistants[2], mais comme supprimés ; seulement il ne faut pas saisir leur être-supprimé en une détermination quantitative, c'est-à-dire pas en une [détermination] telle qu'elle est extérieure et en un tiers ou bien en laquelle la différence n'est pas en et pour soi-même.

> Indifférence signifie l'égale valeur[3] : l'un et l'autre – ἕν καὶ πᾶν.
> Chaque facteur est égal à l'autre. Quantitativement les facteurs se séparent par la diversité, et [l']un est plus fort ou plus faible comme dans la maladie, ou les deux sont égaux comme dans la santé.
> Dans l'absolu les différences sont supprimées, et le devenir de celles-ci est l'être dans l'absolu.
> La différence absolue est la [différence] qualitative.

1. *Grenze.*

2. *Selbständige.* Le terme peut aussi être traduit par « autonome » ou « subsistant par soi ».

3. En fait il s'agit de deux synonymes stricts, le premier terme *Indifferenz* est d'origine latine, et proprement schellingien, le second *Gleichgültigkeit* est d'origine germanique et donc d'emploi courant. Mais ici Hegel utilise l'étymologie du second pour faire ressortir le facteur d'égalité (*Gleich*) présent dans l'indifférence.

2. La qualité, posée comme déterminité étant immédiatement, a tout autant le non-être comme son propre moment en elle et n'est déterminité que par là. Elle a par conséquent

a. une *limite* ou caractère borné,

b. mais la qualité comme *étante* est différente de cette négation sienne et comme réfléchie en soi vis-à-vis de sa limite. Elle est alors réalité[1], qui n'est essentiellement pourtant pas tant opposée à la *négation abstraite* qu'à l'*idéalité*, à savoir à la déterminité, *posée* comme *supprimée*[2], *i. e.* pas disparue dans le vide, | mais conservée[3] selon son contenu, posée pourtant **85**
non plus en autosubsistance étante, mais comme *moment*.

La qualité contient de même la déterminité, et elle est comme telle aussi un non-être, une limite; par celle-ci elle se supprime elle-même. Ainsi par ce qui la fait être ce qu'elle est, la qualité n'est-elle pas.
Le triangle a [de la] limite par les trois lignes. Ces trois lignes font par conséquent du triangle ce qu'il est; si je les enlève, alors il perd son existence. Mais en tant que borné, l'être ne lui revient pas.

3 juillet 1817, très beau temps

[La] réalité est, par conséquent, ce qu'est la qualité, seulement avec plus de réflexion. À la réalité on oppose d'abord la négation. – La réalité est le non-être stable. L'obscurité est la négation de la lumière, de même l'ombre pour le paraître. [L']obscurité est donc le privatif de la lumière, etc. Mais le réel de l'obscurité est purement un autre privatif pour le réel lui-même, par exemple les décombres pour la maison , etc. Le *nihil privativum* s'oppose à la réalité.
La réalité[4] est un moment nécessaire du vrai. Le concept est un unilatéral, et il doit se réaliser. Tous les moments dans le monde s'enracinent en eux-mêmes et ont la forme de l'immédiateté, qui est la réalité. La réalité est donc la plénitude infinie de l'être; c'est l'être en soi. Mais la réalité n'est, au sens habituel, que forme; quand nous disons: «La maison est, elle a [de la] réalité, etc.», nous comprenons sous réalité simplement quelque chose de formel. Mais on utilise le mot «réalité» aussi en un autre sens, et à vrai dire en un sens où elle n'exprime plus [la] simple forme, mais essence et être.

1. *Realität.*
2. *Aufgehobene.*
3. *Aufbewahrte.*
4. *Realität.*

Ainsi disons-nous : « La raison est réalité, cette pensée, ce concept, etc., a [de la] réalité. »

86 | La réalité s'oppose aussi à l'idéalité. Idée a chez *Platon* le sens de l'universel, pas du concept comme dans la philosophie moderne, par exemple le Vrai, le Beau, le Bien. L'idéalité n'est pas simplement une pensée, mais c'est l'idéel en et pour soi, c'est un supprimé, un moment, mais pas un simple abstrait, le « *nihil privativum* ». Cela signifie le supprimer[1], également quelque chose de conservé, et c'est dans ce sens qu'on prend ici l'idéel. Ce qui est idéel est un moment, et inversement ce qui est moment est idéel. L'expression est tirée de la mécanique et signifie dans la chimie le simple ; dans la mécanique, par exemple pour le levier, cela signifie ce qu'on peut sentir, le pesant, matériel et le spatial ; par exemple, quand un levier est grand et l'autre petit, le poids le plus petit fait pression et appuie sur le plus grand levier, le plus grand sur le plus petit pour l'abaisser. Quoique l'espace n'ait pour soi pas de pesanteur, il agit ici pourtant sur la pesanteur ; il y a donc ici quelque chose d'idéel à agir, et c'est le moment[2].

La distance seule ne produit pas d'équilibre, pas plus que le poids lui-même. Les deux doivent agir ensemble. Tel est le moment mécanique du levier.

Pour cette raison, l'idéalisme n'est rien d'autre que la conception philosophique qu'il y a Une Vie et Une Idée et qu'aucune détermination n'est comme qualité véritablement immédiate ou étante, mais comme moment. L'idéalisme subjectif en reste à penser que [le] quelque chose et les qualités ne sont supprimés qu'*en moi* comme conscience particulière, *i. e.* sont des *représentations*, qui se trouvent pourtant selon leur contenu par ailleurs dans la représentation pour ainsi dire comme dans un espace, indépendantes les unes des autres.

Le monothéisme n'est rien d'autre que l'idéalisme, qui est pourtant anéanti par le dualisme, si le monde est opposé à Dieu.

87 | L'idéalisme subjectif affirme que toute différence est en nous et non en dehors de nous, que tout n'est qu'une représentation en moi et que je ne puis arriver à aucune réalité extérieure à moi.

Cet idéalisme laisse subsister quelque chose de qualitatif, à savoir ma particularité immédiate.

1. *Aufheben*.
2. *Das Moment*.

Mais l'idéalisme véritable supprime toute déterminité. C'est en tant seulement que j'oublie ma personne particulière, que je suis véritablement dans le penser, et c'est seulement alors que je vis dans la réalité, que je vis comme être rationnel. Ici ma personne se dissout dans l'un et tout exactement comme chaque autre qualité. Cela coïncide avec le concept leibnizien de la monade.
La représentation est un supprimé, un moment en moi. Mais celle-ci est aussi un intérieur, elle qui inclut en soi l'extérieur. En elle l'un-hors-de-l'autre[1] est un l'un-dans-l'autre[2]. L'extérieur présente un supprimé [dans le] Moi. Mais dans la représentation cet ensemble de l'un-hors-de-l'autre reste encore une unité en soi en tant que complète, laquelle comprend l'extension infinie en soi.

3. La négation de la qualité, différente dans sa limite de sa réalité, est elle-même un non-être étant de la qualité, c'est-à-dire une *autre* qualité, puisque le non-être n'est plus quelque chose d'abstrait, mais être-là. Dans la limite elles sont séparées l'une de l'autre, mais la limite constitue tout autant la relation de l'autre[3] à l'autre et l'un s'y trouve aussi bien que l'autre.

La réalité a une limite, celle-ci est la négation de la réalité. Elle doit être éloignée de la réalité. Cette négation est un autre comme non-être-là, une autre qualité.

Ad § 44

Le quelque chose[4] est la négation de la négation, il est réalité, l'être-supprimé de l'être-autre.

4 juillet.
À Sargans,
il pleuvait très fort

1. *Außereinander.*
2. *Ineinander.*
3. Dans le texte : « *... die Beziehung des Anderen auf das Andere...* » ou « la relation de l'autre à l'autre ». Il serait plus clair de dire déjà ici « de l'une à l'autre ». Soulignons que Hegel est passé là de l'idée de la négation et des qualités dans leur séparation, à *ce qui est* autre : *das Andere*. D'où le passage du féminin au masculin dans la traduction.
4. *Etwas.*

88 | *Ad* § 45

Le quelque chose ne s'est pas encore éloigné de la limite[1], il n'est quelque chose que par la limite, donc la variabilité est essentiellement en vue du même.

La limite constitue le moment dialectique de la qualité. Elle-même, la réalité, quelque chose et l'autre ne sont que diverses déterminations de réflexion de la limite. Puisque dans l'être-là sa déterminité est immédiatement une avec l'être, quelque chose ou une réalité n'est donc pas hors de sa limite, telle que la fixe l'entendement, mais plutôt totalement dans la limite et justement dans celle-ci l'autre quelque chose. C'est pourquoi le réel est lui-même l'autre être, sa finité et variabilité, pour cette raison pas seulement une vide possibilité ou contingence du changement, mais la nécessité de celui-ci.

L'entendement s'efforce de séparer le non-être, la négation, de la réalité; mais il anéantit par là en même temps aussi la réalité, puisqu'il dissout le concept de la réalité dans le non-être. Si l'on dit: « L'homme a du caractère », l'homme est borné par là; mais la limite en fait alors un vrai homme, parce qu'il est un être particulier et doit se faire valoir comme tel. Celui qui est sans caractère n'est rien. Il n'a pas de réalité, est un universel qui adopte toute forme.

Les nombres, par exemple 3, sont une limite. Le champ n'est ce qu'il est que par sa limite; sans cette limite déterminée il serait un simple espace.

La limite est donc le quelque chose, par quoi quelque chose est ce qu'il est; mais la limite est aussi la raison pour laquelle quelque chose est un autre d'un autre déterminé. C'est par la limite que le quelque chose s'exclut de l'autre. L'autre du vivant est tout étant extérieur à lui. Mais c'est aussi l'inorganique, non-vivant.

L'autre de l'entendement est la limite de l'entendement.

89 | Les Latins[2] ont des expressions plus significatives, quand ils disent: « L'un passe dans l'autre » en employant pour les deux: « *aliud in aliud* ».

1. *Grenze*.

2. Cf. *Encyclopédie*, éd. 1830, addition au § 92 : « Si nous nous interrogeons à présent sur la différence entre le Quelque-chose et l'Autre, il se révèle que tous deux sont la même chose, identité qui est alors aussi exprimée en latin par la désignation de tous deux comme *aliud-aliud*. L'Autre, face au Quelque-chose, est lui-même un Quelque-chose, et nous disons en conséquence : « *Quelque-chose d'autre* » ; de même, d'un autre côté, le premier Quelque-

Autre et autre ne sont pas différents seulement de façon non qualitative, mais bien plus, ils ne le sont pas du tout. La différence qualitative est celle du fini et de l'infini, et le changement qualitatif par conséquent celui du fini dans l'infini.

Si l'on dit : « Le changement continue *à l'infini* », c'est le changement formel selon lequel un autre devient un autre qui reste au fondement et l'infini n'est *pas posé*, mais seulement à l'extérieur dans ma réflexion subjective ou comme un *au-delà*, qui n'a encore aucune présence. Ainsi l'infini se trouve-t-il dans la représentation qui se continue dans l'espace et le temps, dans la série de causes et d'effets ou dans la division de ce qui est matériel et autres choses semblables, il en est de même dans les séries infinies de la mathématique.

> Le simple effort pour dépasser l'infini n'est encore qu'un piètre élan, si nous ne sommes pas en même temps également en mesure de saisir l'infini, mais ne devons le trouver qu'au loin, séparé de nous.
>
> L'infini n'est que dans notre réflexion. Si nous couvrions tout le ciel de nombres et y comprenions grandeur et durée, nous ne nous approcherions pas d'un pas de plus par là du concept de l'infinité, que si nous en restions à 1.

Ad § 47

5 juillet temps pluvieux

Le fini est d'abord le quelque chose, posé selon sa nature exacte[1] et déterminée, à savoir que la déterminité, par laquelle il est ce qu'il est, est la limite. Ainsi l'être-là est comme l'unité dont les deux moments sont désormais posés en elle de la même manière. Le fini se supprime, comme l'autre être en lui-même ; | le maintien de ce côté seulement négatif ou de la négation seulement 90
simple, donne l'infini habituel de l'entendement, qui se tient face au fini. Mais déjà en cela même réside sa dialectique ; justement dans la mesure où il se tient face au fini, a celui-ci pour condition, n'est que l'un des deux termes nécessaires l'un à l'autre, il est par suite lui-même fini. Il a ainsi

chose, face à l'Autre déterminé pareillement comme Quelque-chose, est lui-même un Autre », *Encyclopédie I*, trad. Bourgeois, p. 526 et p. 527.

1. *Richtigen*. À signaler la variante : « *nichtigen* », *i. e.* vaine, caduque, nulle. Ce serait évidemment très proche du sens logique selon lequel la détermination de finité comporte le non-être qui est la nature de ces choses.

comme vérité l'unité de soi-même et du fini ou, considéré en soi-même selon son contenu, il n'est pas seulement le négatif simple ou premier, mais, puisque le fini est lui-même déjà le quelque chose avec une négation, l'infini cependant la négation du fini, donc de cette négation, il n'est pas simplement le non-être de quelque chose, mais la négation supprimée, affirmation, identité positive avec soi.

L'entendement doit dire : « Le penser repose sur des normes déterminées et est donc un fini ; mais le fini ne peut saisir l'infini. Par conséquent on ne peut même jamais connaître l'infini. » Seulement ce que l'entendement considère comme infinité n'est pas ; c'est la mauvaise infinité, c'est la simple négation du fini, une simple abstraction.

Le véritablement infini n'est pas au dehors. Ce que l'entendement considère comme infini est au fond seulement un fini.

Le fini est limité. Sa limite qualitative est l'infinité, et [il] ne peut être limité par le fini, puisque celui-ci serait encore comme fini le même que [ce qu'est] l'autre. Si l'on dit : « L'autre devient un autre », on s'exprime de manière fausse, parce que cet autre était encore l'autre précédent.

L'infini n'est pas sans le fini. Il se tient en relation essentielle avec le fini. Là où celui-ci n'est pas, il n'y a pas non plus d'infini. C'est en effet justement le dépasser du fini qui constitue le caractère de l'infini.

Je ne parviens à Dieu, au vrai, pur penser, au Moi, que si j'outrepasse le fini et le dépasse. L'infini devient ainsi le négatif du fini.

91 | Aussitôt que je m'élève au-dessus du fini, je parviens à l'infini ou du moins je l'examine.

Mais l'infini est selon son essence lui-même le fini, et le fini est l'infini, les deux sont identiques et tel est le vrai. De l'infini on ne peut plus passer dans le fini, pas plus non plus du fini dans l'infini. – Ici l'on pense les deux comme supprimés. « Les choses, telles qu'elles sont dans leur finité, [sont] l'infini. » Cette proposition serait une fausse conception.

Je suis infini, je suis purement immédiat. Par la réflexion je me transforme moi-même en l'objet. Mais je ne me transforme pas par là en un autre. *Je suis Moi.* Je suis donc un infini qui est en même temps la finité. Si le fini se dépasse lui-même, il se change alors en l'infinité abstraite, en besoin.

La vie est pour soi-même infinie.

L'infini est tout simplement, il n'est pas l'être immédiat.

On appelle libre l'homme dans l'état de nature[1]. Cela veut dire que l'État[2] est une borne; mais dans le sens vrai c'est l'état de nature qui est le négatif, une situation d'arbitraire et comme telle une borne.

L'État est aussi une borne[3], mais il ne borne que l'arbitraire injuste; c'est donc par lui seulement que se trouve posé le droit. Cette limitation est donc l'affirmation absolue.

L'infini ne se change pas seulement dans le fini, mais il est éternellement fini en soi. Le progrès de l'infini dans le fini n'est rien d'autre qu'un abstrait, alors que l'on doit toujours passer de [l'] infinité à la finité et de celle-ci dans celle-là.

Par exemple l'homme doit aller de l'avant dans un progrès[4] constant.

– Il se comporte ici comme le dépasser[5] d'un | espace déterminé; 92
par exemple si l'on dépasse la terre, nous arrivons encore à une nouvelle limite et ainsi sans arrêt.

7 juillet 1817, très beau temps

L'infini, comme le maintient l'entendement, n'est pas quelque chose de fixe, il est simplement l'infinité négative. Les mathématiciens expriment une somme infinie ainsi: une grandeur infinie par une série [in]finie, par exemple un nombre comme fraction en décimales[6]. – Le négativement infini est l'au-delà et ne peut ainsi être atteint. Mais on atteint l'infini si on dépasse cet aspect et si on le reconnaît comme du seulement négatif. Le quelque chose est déjà un autre, par exemple le premier est un autre et le second encore un autre. Si par conséquent le premier passe dans le second, il ne passe donc en aucun autre, qu'il n'est lui-même. De même en effet qu'il se dépasse, il retourne aussi en soi. – L'infini n'est de même pas non plus un au-delà, mais il n'est que l'autre, lequel passe en un autre. Si le fini passe en un autre, il retourne de même également en soi à nouveau. On ne trouve donc pas l'infinité par un chercher, par un

1. *Im Naturstand.*
2. *Der Staat.*
3. *Schranke.*
4. *Progreß.*
5. *Hinausgehen.*
6. Nous suivons la version de l'éditeur allemand pour ce texte un peu altéré dans le manuscrit. Le même éditeur renvoie d'ailleurs avec raison à la *Doctrine de l'être* de 1812 pour comprendre ce passage (GW 11, p. 159-161). Renvoyons le lecteur français à la traduction des pages de cette remarque sur l'infini mathématique par B. Bougeois (Paris, Vrin, 2015, p. 382-385).

perpétuel sortir, mais plutôt par un entrer-en-soi. Platon dit : « Le fini est l'enfant de l'abondance et de l'indigence. »

Si l'on voulait saisir la nature et croyait que l'on devrait encore continuer à décomposer la nature avec des microscopes et des ana-
93 lyses, etc., cela serait alors tout à fait inutile. | On ne parviendrait en effet jamais à son but de cette manière. C'est dans l'intérieur qu'on doit chercher la vérité.

L'autre est la simple relation à soi-même, il est l'autre de l'autre. Si je considère quelque chose en et pour soi, l'autre n'est pas quelque chose d'extérieur à celui-ci, mais le quelque chose est en même temps aussi l'autre de soi-même.

L'être-pour-soi est le troisième [moment] de la qualité.

Ad § 49

1. L'être-pour-soi, comme l'infinité positive dans laquelle l'autre est comme supprimé, est la même chose que tout à l'heure on a appelée l'*idéalité* et se tient d'abord face à la réalité en tant que qualité *devant être* non pas négativement mais seulement immédiatement et positivement. Cependant l'idéel n'est pas seulement le supprimé, abstrait ou universel, mais,

a. puisque l'infinité est aussi par essence relation positive à soi, elle est tout autant réalité, et les deux ne sont que déterminations disparaissantes.

b. L'idéel est, comme le vrai infini, à cause de sa négativité se rapportant à soi, essentiellement *étant-pour-soi,* le principe abstrait de toute autodétermination qui se détermine en outre comme concept et sujet, dont il diffère par le fait que dans celui-ci les différences sont déterminées en tant qu'universel et particulier, dont l'unité infinie est le singulier ou sujet, tandis qu'[elles] n'ont tout simplement encore aucune détermination dans l'étant-pour-soi, qui dans cette mesure n'est que le mouvement du rien[1] au rien et par là justement à soi-même. Ses moments sont donc :

α. l'immédiateté présupposée, mais immédiatement annulée,

β. l'aller-au-dehors[2] abstrait, les répulsions[3] et

1. *Nichts.*
2. *Hinausgehen.*
3. *Repulsionen.*

| γ. le pur être-dans-soi ou égal-à-soi de cet aller-au-dehors indéterminé. 94

Le concept est aussi infini, un être-pour-soi, mais en lui les différences ne sont pas encore posées. Quand je dis : « Je suis pour moi », il n'y a ici aucune présupposition qui aille au-dehors. Quand je dis : « Je suis pour moi », cela n'exprime pas que je sois un autre, mais c'est le déterminé-en-et-pour-soi, c'est-à-dire l'autodétermination, l'immédiat. La résolution n'est pas immédiatement un déterminant, elle est la négation, le premier outrepasser, le réfléchir des possibilités ; je suis alors déterminé par celles-ci.

8 juillet
beau temps
[...] mesuré

Dans l'autodétermination, même la borne de ma détermination se trouve déterminée par moi-même ; cet autodéterminer est alors négation de la négation, je peux outrepasser les bornes, je suis libre et ai la conscience qu'il n'y a pour moi pas de lien, mais que je peux encore supprimer ma propre limitation.

[2.][1] Eu égard à la négation indifférenciée de cette infinité, sa relation à soi est encore [la relation] immédiate et dans la sphère de l'être. Elle s'écroule donc dans l'*Un* immédiat, dans lequel la négativité va pour cela aussitôt vers l'extérieur ou est *excluante*, la répulsion de soi-même comme poser d'un nombre infini d'Un, lequel poser disparaît pourtant dans l'immédiateté et donc passe dans la proposition : « *Il y a* un nombre infini d'Un. »

L'Un est le principe, ce qui est complètement sans concept, l'être-pour-soi, un aller-au-dehors et revenir à soi et donc un être vers soi-même ; une direction est la répulsion, l'autre l'attraction. Mais seul l'agir réciproque vers l'extérieur et l'intérieur constitue son essence.

| L'Un est la répulsion, le poser des Un infiniment nombreux ; ceux- 95
ci sont des étants immédiatement pour soi, par conséquent aussi des étants-pour-soi[2]. On peut donc dire : « Ils ne sont *pas posés*, ils *sont*. » L'Un est le moment ultime, le moment abstrait de toute

1. Entre crochets dans le texte allemand. Comme le signale l'éditeur allemand, le développement compris sous ce chiffre correspond au § 50 de l'*Encyclopédie* de 1817, paragraphe encore consacré à l'être-pour-soi.

2. *Diese sind unmittelbar für sich Seiende, daher ebenso Für-sich-Seiende.* – Hegel insiste ici sur la détermination du pour-soi à partir de ce qui est d'abord une caractéristique d'étants dans leur unité et dans leur différence les uns vis-à-vis des autres. Seule la dialectique du pour-soi des étants permettra de résoudre l'abstraction de leur être-un.

vie et de tout esprit, le *punctum saliens*, l'abstraction ultime, l'absolu pour soi-même.

Dans la répulsion, l'Un adopte la forme de l'être autosubsistant. L'Un exclut l'Un. Le sujet est toujours exclure de soi-même. Les différences sont posées comme d'autres immédiats. L'Un se maintient ainsi dans sa relation infinie à soi.

Par le concept de l'Un, nous obtenons du multiple. Dans la représentation Un et multiple s'excluent en soi, mais non dans la répulsion elle-même; car quand nous disons : « Plusieurs », nous n'avons ainsi que plusieurs Un : le 2e, 3e, 4e, 5e, etc., chacun est Un parmi les multiples, donc tous sont Un, donc chacun est ce qu' [est] l'autre, et tous sont Un. Il n'y a par conséquent aucune différence entre eux. – La répulsion est le devenir du multiple; par elle le Deuxième retourne aussi bien dans l'Un que celui-ci passe en Deux. Nous sommes étonnés qu'il y ait tant d'étoiles, etc. Mais cette répétition, cette multiplicité ne rend pas l'infini meilleur. Tous ces multiples ne sont qu'Un. – Du fait que la répulsion est le devenir des multiples, elle est aussi attraction de ces multiples. Tous les Un se repoussent les uns les autres. L'Un, en tant qu'il se rapporte à soi-même, les rapporte à l'Un, et ainsi répulsion et attraction sont Un. Si nous nous représentons la répulsion de façon tout à fait conséquente, elle est alors un simple se disperser et nous obtenons ainsi un simple vide, et les concepts s'embrouillent à ce propos. – L'attraction est par conséquent un moment essentiel à l'Un.

96 | L'Un est un moment nécessaire du penser. Mais l'Un est un Un spirituel, qui est en même temps l'infiniment multiple. Dans la philosophie atomiste l'Un est l'indivisible.

9 juillet 1817, temps couvert, mais chaud

[3.] Le passage de l'être qualitatif dans la quantité constitue déjà l'être-pour-soi comme tel, en tant que l'être y est tout simplement rendu égal à la déterminité envisagée plus précisément comme infinie. La répulsion et les multiples Uns constituent l'être-là de l'être-pour-soi, en tant que l'Un, à savoir l'être-pour-soi est en déterminité immédiate. La relation identique de l'Un à soi-même dans l'autre Un est alors la quantité comme l'être restauré, dans lequel la déterminité infinie de l'Un au lieu cependant de n'être pas est bien plutôt comme supprimée.

Je suis pour moi comme fuyant et confronté à l'autre. Mais je suis ainsi l'être le plus dépendant de tous et complètement borné. Ce n'est pas le singulier qui est véritablement pour soi, mais seulement le singulier en tant qu'il contient en soi le tout.

L'Un est l'atome ; là-dessus se fonde la philosophie atomiste. Mais l'atome n'est qu'une pensée. Un atome, personne n'en a jamais vu, entendu, goûté, etc. Ce n'est que dans la pensée que l'Un existe comme atome.

On disait : « L'un ou l'atome se meut. » En lui se trouve le poser, et ce poser est mouvement. Le réel des atomes est et devient visible par leur relation les uns aux autres.

Les Uns ne sont pas différents les uns des autres.

Cette philosophie atomiste eut aussi de l'influence sur l'État.

De là vient le système socialiste et socianiste de l'État[1].

Le premier disait que le citoyen était comme personne privée l'élément ultime | auquel se rapporte l'État. La morale y renvoie ; 97
par la conscience[2], l'individu lui-même a dans l'État la norme[3] de la vie en lui-même.

L'individu apparaît en quelque sorte comme atome dans le tout.

Dans la physique, on prend des atomes comme des molécules infiniment petites et l'on explique le poids et la densité de la matière à partir de leur concentration plus grande ou plus petite. – On croyait donc que nous ne voyons pas ces petites molécules, parce que nos sens et instruments ne seraient pas encore assez fins. Dans une autre vie nous les verrons et connaîtrons ainsi l'essence de la matière. Cette manière de voir est très plate et erronée, dans la mesure où l'unité est l'essence et la multiplicité n'existe pas.

À cette perspective atomiste s'est encore ajoutée, particulièrement à l'époque de Kepler, la perspective de l'attraction. Mais on la comprenait habituellement de manière très grossière et matérialiste, sans s'approcher par là davantage [de la Chose] dans la science.

1. *Das sozialistische und sozianische System*. – Le concept de « socialisme » est attesté dans la littérature allemande dès le milieu du XVIIIe siècle pour désigner et discréditer l'école du droit naturel (Grotius, Pufendorf) visant à expliquer l'ordre social par la tendance humaine à la *socialitas* plutôt que par la révélation divine comme chez les théoriciens catholiques. D'où le lien qu'établit Hegel avec la conception protestante fondée sur la singularité de la conscience, où le principe du socialisme s'identifie au principe de l'individualisme. Dans l'article sur le droit naturel de 1802/1803, Hegel appelle, au contraire, « antisocialistes » les systèmes se revendiquant du droit naturel et considérant l'individu comme ce qu'il y a de premier et de plus élevé. *Cf.* A. Honneth, *Die Idee des Sozialismus. Verusch einer Aktualisierung*, Berlin, Suhrkamp, 2015, p. 23 et P. Ruben/A. Brossmann, article « Sozialismus », in *Historisches Wörterbuch der Philosophie*, hrsg. von J. Ritter et K. Gründer, Darmstadt, Wissenschaftliche Buchgesellschaft, 1995, Bd. 9, p. 1166-1171.

2. *Gewissen*.

3. *Richtsnur*.

– Quand on dit : « Il y a quelque chose qui attire quelqu'un ici ou là, alors donc il y va. L'animal est attiré ici ou là, c'est pourquoi il bouge justement ainsi et pas autrement. » Seulement, ce n'est qu'une sorte d'explication extérieure.

La répulsion et l'attraction, représentées sous la forme de la force répulsive et attractive, sont habituellement prises pour des forces implantées dans une matière par ailleurs pour soi autonome et contingentes à son égard et l'une à l'égard de l'autre.

Kant a placé le fondement d'une physique dite *dynamique* en ceci qu'il n'admettait pas comme l'originaire la matière ou les atomes, mais inversement ces deux déterminations ou forces et il les saisissait d'abord comme moments essentiels de la matière, qui ne serait concevable qu'à partir d'elles. Mais il prenait en même temps chacune comme une détermination ou force autonome vis-à-vis de l'autre.

On applique maintenant davantage la perspective dynamique dans la médecine. – Autrefois dominait la perspective atomiste. D'après celle-ci, l'on disait que la maladie proviendrait des éléments du corps, parce qu'ils seraient mélangés de telle ou telle manière destructrice, etc. Dans la perspective dynamique, on admet que la
98 maladie proviendrait | d'une excitation ou d'un ménagement inappropriés des forces dans le corps, etc.

Kant a cherché à construire la matière *a priori* ; il dit que la matière est elle-même un produit, un tiers, issu des deux facteurs de l'attraction et de la répulsion.

Le penchant de l'homme à la sociabilité n'est pas une attraction simple, naturelle, comme la force d'attraction de la matière, mais il est lui-même fondé dans le caractère spirituel de l'homme. Il en est de l'attraction et de la répulsion comme de l'être et du non-être.

10 juillet 1817. Très beau temps

De même que ceux-ci n'ont leur essence que dans l'identité, dans le devenir, de même aucune de ces deux forces n'a-t-elle aussi d'existence comme telle, mais leur essence n'est que l'unité ; les deux passent l'une dans l'autre. La répulsion n'est pas sans attraction et inversement. Kant a dit que la force répulsive n'agit que sur des surfaces[1], mais que la force attractive agirait au travers

1. *Cf.* E. Kant, *Premiers principes métaphysiques de la science de la nature,* déf. 7, trad. fr. F. de Gandt, *Œuvres complètes,* « Bibliothèque de la Pléiade », Paris, Gallimard, 1985, t. II, p. 427.

de l'espace. Seulement cette différenciation est nulle. On reporte aussi ces concepts sur le système des sphères. Ainsi dit-on que l'attraction revient au soleil, la répulsion aux planètes. Mais on doit plutôt dire que soleil et planètes s'attirent et se repoussent également, c'est-à-dire que la force d'attraction et de répulsion agit dans les deux. On a dit ensuite en outre que les écarts, c'est-à-dire les éloignements plus grands des étoiles ou leur rapprochement proviendraient de l'effet plus ou moins grand de l'une ou l'autre force. – Seulement on ne peut accepter qu'une de ces forces soit plus grande à un moment donné, parce que justement cela anéantirait le système solaire.
L'égalité des deux est absolument nécessaire à l'existence de l'être-égal constant.

| [B] QUANTITÉ 99

a. *La quantité pure*

Ad § 52

La grandeur se rapporte déjà à quelque chose de déterminé, donc pas quantité pure. La grandeur demeure indéfinie, si on nomme ainsi ce qui peut être augmenté ou diminué, parce que quelque chose reste grandeur, que cela soit plus grand ou plus petit. – Ainsi en est-il aussi de la grandeur intensive, par exemple bleu, rouge, etc.

La limite qualitative est ce qui fait d'un objet ce qu'il est, par exemple les limites qualitatives des triangles sont les trois lignes. Les côtés plus grands ou plus petits constituent alors les limites quantitatives du triangle.

Dans le Moi se trouvent les représentations. Il y a en moi un monde de représentations. Le Moi n'est donc pas une *tabula rasa*. C'est un puits dans l'obscurité, à partir duquel peut se développer une infinité de pensées et d'idées[1].

1. Comme le souligne l'éditeur allemand (p. 276), on retrouve des phrases très proches à propos de la représentation et du Moi, notamment l'image du « puits », dans la *Philosophie de l'esprit* de l'*Encyclopédie* de 1827-1830, justement au § 453 qui n'a pas d'équivalent dans l'édition de l'*Encyclopédie* de 1817, le § 452 reprenant des éléments du § 375 et le § 454 ceux

Ad § 53

Seul le continu peut tenir ensemble. Si tous les Un ne sont pas d'une [même] espèce, ils ne rentrent alors pas dans la même classe et ne peuvent comme tels être rassemblés sous un nombre, par exemple 100 cerises et 100 poires. Ainsi l'espace est-il une grandeur continue. L'espace n'est pas limité par les points, limites et lignes. Il n'y a pas d'ici, l'espace n'est pas interrompu. De même en est-il du temps, lui aussi est toujours fluide. En lui il n'y a pas de maintenant.

On s'est demandé si l'espace était composé de points spatiaux[1] et le temps de points temporels[2]. Ces questions reposent sur les moments[3] unilatéraux de ces questions[4].

100 | *Ad* § 54

[1] La quantité pure se détermine en un quantum, puisque la déterminité, qu'elle contient en soi, est en elle comme immédiateté simple d'abord elle-même comme négation simple ou première, comme déterminité.

> Même la quantité contient en soi l'unité, qui comme unité contient aussi en soi la multiplicité.
>
> 11 juillet L'espace absolu est par conséquent aussi un déterminé, bien qu'il soit par ailleurs opposé à l'espace borné. L'absolu a ici simplement la signification de l'abstrait. L'absolu comme tel n'est pas une simple abstraction, mais il est concret.

du § 376 de la première édition. Il s'agit de l'un des passages indiquant que ces leçons sur la logique ont contribué, sitôt après la parution de la première édition de l'*Encyclopédie*, à une évolution de la formulation dont on trouvera le témoignage dans les éditions de 1827 et 1830. Ici il s'agit certes en outre d'une influence sur une autre partie de l'*Encyclopédie*, mais les choses sont plus fréquentes encore entre les passages concernant les diverses logiques. (*Cf.* à ce sujet notre présentation).

1. *Raumpunkten*.

2. *Zeitpunkten* : moments. – Pour mettre en évidence le parallélisme entre *Raumpunkten* et *Zeitpunkten*, nous traduisons par « points temporels ».

3. *Momente*[*n*].

4. L'éditeur allemand souligne, à juste titre, la maladresse de la construction et une certaine incorrection dans le manuscrit (*Vorl. 1817 Good*, p. 99).

[2] Quand l'être-là devient le quelque chose, alors la déterminité par laquelle la quantité est quantum est plus encore la réflexion immédiate en soi, et le quantum non pas grandeur en général, mais un *Un*. Sa déterminité obtient par là la forme d'une différence quantitative à l'égard d'autres quanta.

La déterminité est ainsi celle qui est propre au quantum, donc l'être-posé de sa propre différence en lui. Se séparent donc en lui non seulement les Uns comme multiples, mais encore la différence déterminée, du *nombre* comme d'une multiplicité limitée et d'une unité déterminée.

> Chaque nombre, qu'on le nomme comme on le veut, peut à nouveau être pris en tant qu'unité, comme par exemple la décade, la centaine, etc.
>
> Le quantum est un quantum du fait que sa déterminité est saisie qualitativement comme Un. Les moments de la quantité sont l'unité, et plus précisément les multiples Un. Ceux-ci forment la multiplicité. Le premier moment dans le quantum est la multiplicité, | le deuxième, le fait que cette multiplicité est composée **101**
> d'unités, et le troisième moment est l'unité de l'unité et de la multiplicité. Un comme unité n'est pas un nombre, car il ne s'y trouve aucune limite, puisque l'unité est ici continuité. Mais en tant qu'Un opposé à la multiplicité, on doit l'appeler un nombre; car 1 n'est pas 2, etc.

3. Les opérations automatiques sont un *compter*[1], c'est-à-dire la réunion de plusieurs Un en un nombre et ensuite un résoudre[2] de ceux-ci dans leur Un. La différence des opérations repose seulement sur le rapport des éléments à compter les uns aux autres selon le nombre et l'unité. Il y en a donc de trois sortes, dont chacune en outre comprend en soi une opération positive et négative.

1. Dans la première, les nombres valent comme des valeurs numériques[3] seulement différentes, sans opposition, dont l'unité est l'Un.

2. Dans la deuxième, ils entrent dans le rapport d'une valeur numérique[4] et d'une unité qui en diffère, qui est elle-même un nombre.

3. Dans la troisième, à savoir le rapport des puissances, ils sont de même dans le rapport d'unité et de valeur numérique, mais de sorte que les

1. *Zählen*.
2. *Auflösen*
3. *Anzählen*.
4. *Anzahl*.

deux en même temps s'égalisent et que l'une soit la même valeur numérique que l'autre.

Le principe des nombres est l'Un comme le déterminé-en-et-pour-soi, l'étant-en-et-pour-soi. Le compter[1] signifie réunir les Un, en faire un nombre. On peut dire : « Le compter est une opération » aussi bien que : « Ce n'en est pas une. ».

La base de l'additionner est un pur retenir dans la mémoire, et celui-ci repose sur le totaliser des Un.

Dans le multiplier s'assemblent unités et multiplicités, par exemple 5x6. Ici 5 est pris comme unité et 6 comme multiplicité, et l'affaire de la multiplication, c'est alors de chercher la valeur numérique qui en procède quand ces Un sont unis à la multiplicité. On peut aussi inverser les nombres et élever les 6 à l'unité, mais les 5 à la multiplicité.

102 | Par la voie inverse, on peut résoudre ces nombres en leur unité et cela forme le diviser.

Il en va également ainsi de l'élever de l'unité à ses puissances dont naît le carré. – Chacune de ces opérations peut être prise de façon double, négativement ou positivement, ce par quoi naissent alors 6 opérations.

En disant : « le cinquième », on n'entend pas seulement la dernière unité, mais toutes les 5 unités sont nécessaires pour former cette limite.

Ad § 56

Le quantum est d'abord grandeur *extensive*, *i. e.* multiple *en soi*, mais les multiples de celle-ci se fondent dans l'unité et plus précisément en elle comme l'Un déterminé, la limite. L'extériorité de l'unité et de la valeur numérique l'une à l'égard de l'autre est par là supprimée et le quantum est dans la forme de *l'être-pour-soi* comme grandeur intensive. Mais comme la déterminité de grandeur de celle-ci et la différence n'indiquent que la déterminité formelle passant l'une dans l'autre, ce qui alors est comme grandeur extensive est tout autant comme intensive et inversement. Celle-ci a dans la première son *être-là* nécessaire et ne peut être *mesurée* qu'à elle.

14 juillet 1817

1. *Zählen.*

Les grandeurs extensive et intensive ne sont que des formes. Ce qui est présent comme grandeur extensive est également présent comme grandeur intensive, par exemple le degré de chaleur est une sensation, c'est intensif. Pour le mesurer nous avons besoin d'un thermomètre, auquel nous mesurons ce qui est extensif, la longueur, etc. De même aussi pour la force, par exemple le poids, [la] grandeur de la volonté, du caractère. Ici la volonté intensive est celle qui a la plus grande emprise, la plus extensive. La | grandeur 103
extensive se mesure d'habitude par le compter du temps, de l'espace, etc., où ensuite le temps, l'espace, etc. est la grandeur intensive. Le degré est le quantum étant pour soi.

Ad § 57

Chaque degré est ce degré déterminé, qui exclut tous les autres de soi, par exemple le 20e degré; ce dernier exclut tous les autres degrés de soi, est seulement pour soi. Mais il n'a cette déterminité que par les autres. Il n'est ce qu'il est que par ce qu'il exclut de soi et [n'exclut les autres] que par ce qu'il est en soi.

Ainsi donc le degré est la contradiction absolue. Son intériorité est son extériorité, et son extériorité est son intériorité.

Le nombre est la pensée, pas une intuition immédiate. Mais comme Un sans relation, rigide[1], l'Un est aussi à son tour une représentation.

Pythagore croyait qu'on pouvait exprimer l'absolu par le nombre.

1. Pythagore a énoncé l'absolu comme le *nombre* et l'essence déterminée de toutes choses comme des nombres. Par là il faut

a. comprendre que celle-ci est quelque chose d'universel, qui n'est vraiment présent que comme pensée.

b. La déterminité numérique a été utilisée pour la différence conceptuelle interne, laquelle est pourtant présente dans le nombre de la façon la plus extérieure, la moins conceptuelle et ne s'applique guère qu'aux nombres premiers d'une façon un peu plus déterminée. Dans la philosophie moderne, on a utilisé de façon absolue la puissance

1. *Spröde.*

mathématique[1] pour désigner un moment conceptuel, dont les différences sont désignées comme première, deuxième et troisième puissance. Seulement, ce qu'est une puissance selon son concept est bien plutôt présupposé dans la mathématique à partir de la philosophie, et non pas pour
104 celle-ci à partir de celle-là, et pour | la différenciation précise des moments, on s'aide de nouveau d'une différence numérique.

Pythagore devint attentif au son[2] en forgeant et chercha à déterminer de façon extensive la grandeur intensive de la sensation.
Mais on ne peut pas envisager l'absolu comme un nombre existant, à la façon dont les Anglais croyaient que les idées de Platon sont véritablement existantes.
Les Pythagoriciens disaient: « L'absolu est la monade[3], unité, le deux est la matière.
La triade[4], *trias*, contient en soi l'unité, l'absolu, et la dualité, la matière. »
Seulement Un et Deux ne sont que composés ; cette composition est purement artificielle. Dans le Deux se trouvent seulement deux Un ; les deux sont identiques l'un à l'autre, donc extérieurement certes deux un, intérieurement seulement Un.
Le calcul des puissances a d'abord été employé par *Eschenmayer* et ensuite adopté par *Schelling*[5].
La puissance exprime le moment conceptuel en général, une détermination essentielle qui ne contient que la possibilité.

1. *Die mathematische Potenz* : il s'agit bien sûr de la notion mathématique de puissance, telle que la philosophie schellingienne va la reprendre pour en faire un concept opératoire métaphysique très important.

2. *Ton*.

3. *Monas*.

4. *Die Dreiheit*.

5. Adam Carl August Eschenmayer (1771-1852), qui a été un temps ami de Schelling, était philosophe et médecin. C'est dans son œuvre sur la *Philosophie dans son passage à la non-philosophie* (1803) qu'il explicite notamment les trois degrés des puissances. Schelling s'est référé à l'œuvre de cet auteur, par exemple dans sa *Présentation de mon système de philosophie* dans la *Neue Zeitschrift für spekulative Physik*, à propos de la déduction de l'organisme vivant, telle qu'Eschenmayer la proposait en philosophie de la nature dès 1793. Hegel évoque cette filiation dans ses *Leçons sur l'histoire de la philosophie* en parlant de ces « formes de différence » que sont les puissances pour Schelling. *Cf.* Trad. Garniron, t. VII, p. 2059 et p. 2071.

15 juillet 1817. Temps pluvieux

Dans la méthode pestalozzienne[1] de pédagogie, la théorie numérique constitue un moment central. Cette méthode est d'autant plus bénéfique par rapport à celles usitées d'ordinaire, où l'on n'avait affaire qu'aux objets sensibles, que l'on rend ici attentif à l'immatériel et que l'on exerce ainsi davantage le penser.

Seulement les nombres eux-mêmes comme nombres sont également quelque chose de mort, de sans concept et de mécanique, qui dans cette mesure ne forme pas l'esprit mais le transforme seulement en une machine, comme on a effectivement également inventé des machines à calculer mécaniques.

2. La science moderne du nombre est distincte de l'arithmétique elle-même. Celle-ci ne s'occupe que des sortes de liaisons extérieures des nombres comme simplement donnés, mais celle-là est à la recherche de l'extériorité des nombres les uns vis-à-vis des autres sans tenir compte
à leur tour | des déterminations et des lois universelles qui se présentent 105
entre eux ; c'est, par exemple, une telle loi que le produit de tous les nombres qui sont plus petits qu'un nombre donné et [qui] sont premiers par rapport à lui, [lorsqu'il est] divisé par le [nombre] donné, fait comme reste Un, pris soit positivement, soit négativement.

Unité et multiplicité sont les traits principaux des nombres.

Gauss[2], à Göttingen, est l'un des premiers mathématiciens en Europe.

Les nombres premiers absolus sont ceux qu'on ne peut présenter comme un produit, par exemple 1, 2, 7, 11, 13, 896.896 : 15, où 1 est de reste. 12, 4, 5, 7, 8 sont des nombres premiers relatifs.

Tous les carrés de grandeur inégale peuvent être divisés par 4, où alors 1 est de reste. S'ils sont divisés par 3, alors il reste 2.

Le rapport est l'être-posé du degré ; la grandeur intensive n'est pas seulement en tant qu'extensive, mais de façon essentielle, comme un

1. Johann Heinrich Pestalozzi (1746-1827), éducateur et réformateur social suisse dont l'œuvre et les fondations novatrices donnèrent à l'éducation populaire ses bases modernes, est l'auteur d'œuvres philosophiques où l'éducation est fondée sur l'intuition comme sens interne de l'homme pour l'ordre du monde, sur l'amour et la foi. *Cf.* notamment *Meine Forschungen über den Gang der Natur in der Entwicklung des Menschengeschlechts* de 1797. On sait son importance pour Fichte.

2. Carl Friedrich Gauss (1777-1855), personnalité scientifique de tout premier plan, est surtout évoqué par Hegel dans la « grande » Logique pour ses solutions dans le domaine mathématique de l'analyse supérieure.

rapport dans lequel le quantum n'a sa détermination que par un autre, qui se comporte comme le qualitatif ou l'unité, mais, puisque celui-ci est lui-même quantum, n'a inversement tout autant sa détermination que dans l'autre. Le rapport est, dans cette mesure, en soi, infini. Il ne contient cependant l'infinité que comme un *devoir-être*, puisque le quantum ne s'y trouve tout de même encore au fondement que comme quelque chose d'indifférent.

Chaque degré est un rapport, par exemple la température se rapporte toujours à un objet, par exemple température de l'air, de l'eau, du fer, etc.

16 juillet 1817. Temps pluvieux

Le rapport des forces etc. : on ne peut pas dire : « Avec cette machine on peut soulever tant » mais seulement : « Durant ce temps on peut soulever tant ». Dans le rapport nous avons deux nombres, par
106 exemple 3 et 4. Ici 3 ne doit pas valoir comme 3, | mais comme 4, de même 4 pas comme 4 mais comme 3. – C'est la nature du rapport. – Dans la fraction, l'un des nombres est l'unité, l'autre la valeur numérique, par exemple pour 17/3, 3 est l'unité et 17 la valeur numérique ; il en est ainsi avec tous les nombres.

Le qualitatif, par lequel le quantum est mesure, est d'abord l'identité propre du quantum dans son extériorité avec son concept. Mais puisque cette déterminité comme relation simple à soi est essentiellement médiation par un autre, la détermination de qualité se différencie alors de même dans la mesure de celle de la quantité, et elle est dès lors n'importe quelle qualité particulière qui tient son être-là d'une grandeur.

Le quantum est déterminé par un autre ; mais cet autre est sa propre nature.

La grandeur est déterminée par un autre, celui-ci est la détermination. La détermination de grandeur constitue la qualité.

La définition de l'absolu, selon laquelle il serait la mesure[1], a aussi en soi quelque chose de vrai. Les sophistes disaient que l'homme est la mesure de toutes choses.

La mathématique doit être la science des mesures naturelles. Seulement nous ne connaissons encore que des mesures singulières de façon empirique, sans avoir encore fait rentrer celles-ci dans une série et dans des formules universelles, comme par exemple Kepler l'a fait avec l'ellipse. – On a dans beaucoup de mesures des

1. *Maß*.

déterminations singulières. Ainsi, par exemple, il faut mesurer la force du vin, de l'eau-de-vie, etc., on a pour cela des tableaux, mais pas de formules universelles. Cette étude des mesures naturelles serait la détermination la plus digne de la mathématique.
On ne peut pas chauffer l'eau, à l'air libre, au-delà du point d'ébullition, à moins que les vapeurs n'aient elles-mêmes été à nouveau réintroduites et transformées en eau, ce qui cependant alors nécessite un récipient fermé. Ainsi en est-il aussi avec le point de gel. Réaumur prend 80 degrés comme point d'ébullition.
| L'État romain avait atteint par son extension le quantum au-delà **107**
duquel il ne pouvait nécessairement plus croître dans le rapport de l'époque. Ainsi de pures démocraties ne peuvent-elles aussi prospérer que dans de petits États.

Ad § 62

Les passages d'une qualité à une autre qualité par le changement de quantité donnent des séries progressives en rapports quantitatifs, auxquels quelques qualités sont liées comme à des nœuds et dans lesquels elles surgissent, tandis qu'aucun changement de qualité ne s'ensuit dans les rapports quantitatifs intermédiaires.

17 juillet 1817

L'oxydation du métal exige un certain quantum d'oxygène; sans ce quantum l'oxydation n'a pas lieu. Il y a donc une certaine échelle, d'après laquelle, à un quantum déterminé (Pct.)[1] d'oxygène, une couleur déterminée et un changement du métal se produisent. Il en est de même des sons, qui sont pareillement déterminés par le quantum de l'air et le mouvement de celui-ci.
Le sans-mesure est l'incommensurable; en celui-ci on croit avoir quelque chose d'infini; mais celui-ci n'est rien que le quantum en soi, sans quantum déterminé. Mais le véritable incommensurable est la mesure. Car celle-ci est vraiment incommensurable, si on la saisit qualitativement. Les nombres sont incommensurables, on peut toujours aller au-delà. De même aussi au-delà de la mesure.

1. Pourcentage sans doute, interprétation suggérée par l'éditeur allemand (*Vorl. 1817 Good*, p. 107).

Le *caractère graduel* du progrès[1] est une représentation habituelle, qu'on utilise pour la médiation et l'*explication* d'un passage qualitatif.
108 Mais il ne se produit rien, par là, si ce n'est que | le changement qualitatif est présupposé, mais dérobé aux yeux par le peu à peu d'un progrès quantitatif.

On croit qu'on peut mieux concevoir une chose, si l'on entre dans le singulier et si l'on fait tout passer graduellement dans le plus petit. Seulement, même le plus petit quantitatif demeure alors toujours encore un saut dans le qualitatif, et l'explication n'est par là pas du tout facilitée.

L'eau ne s'affine pas par l'évaporation, mais la vapeur est un autre. Quand elle gèle, elle ne devient pas peu à peu plus solide, mais elle gèle tout d'un coup. L'embryon fait un bond infini du non-être dans l'être à la naissance. Ainsi ne peut-on absolument pas expliquer le qualitatif par cette manière de le détailler, – mais c'est justement le contraire qui ici a lieu, à savoir que l'on doit davantage considérer les choses en grand et saisir l'essence dans le grand.

Ad § 63

La mesure est, comme unité du qualitatif et du quantitatif, la totalité de l'être, et déjà *en soi* l'essence. La mesure comme telle est d'abord l'être-là de chaque unité, dans laquelle les différences se déterminent l'une vis-à-vis de l'autre comme qualité et quantum, et se présente leur relation, mais aussi leur passage l'une dans l'autre et en même temps le coïncider de chacun avec soi-même dans l'autre. L'être donc, la relation simple immédiate à soi, est restauré, l'immédiat, parce qu'il est un immédiat, se rapporte à un autre et est, par conséquent, médiatisé. Mais cet autre, ici la quantité, se supprime aussi et par là la médiation elle-même. Ce produit de la médiation ou, ce qui est la même chose, cet être *renouvelé* est l'essence.

109 | Partout où est un retour, un troisième, est l'infinité.

La plus pure intériorité de l'être est le néant, car tous deux sont complètement des abstraits. Dans la mesure cela se développe en quantité et qualité. L'essence est la même chose que [ce qu'est] l'être, mais elle contient l'être, déterminé comme pure médiation, en soi, et elle est ainsi la deuxième sphère, la sphère de la médiation. Le concept se montrera comme moyen terme véritable, absolu, de l'être et de l'essence.

1. *Fortgang*.

Dans la mesure s'enracinent quantité et qualité et c'est ici qu'elles ont leur être.

Dans l'essence les déterminations sont réfractées, reflétées, donc des réflexions.

La sphère de l'essence est la sphère de l'être qui est allé en soi. Dans la nature la sphère de la réflexion commence avec la matière. Mais dans la conscience elle commence avec l'essence.

L'essence est l'être pur, pas l'être immédiat cependant, mais l'être anéanti en soi par la négation. – Ici le négatif est posé comme simplement supprimé, comme simple paraître.

18 juillet. Temps couvert, humide, pluvieux

Le négatif posé comme un différent[1], le négatif comme déterminité, n'est plus simplement du négatif.

1. *Verschiedenes.*

| [DEUXIÈME PARTIE

LA THÉORIE DE L'ESSENCE]

Ad § 65

1. Dans l'être, la déterminité ou la différence [1] est un immédiat, un autre en général, puis encore un *Un*, un quantum, lequel contient certes la réflexion ou la relation à l'autre, mais doit lui être indifférent. Dans l'essence, le différencié n'est qu'apparence, déterminé *en lui-même* comme relation à l'autre, et le changement en général [est] un *poser*. À la place de l'*être* qui se présente de nouveau dans le concept, surgit donc ici l'avoir comme identité d'un divers en tant que tel avec le sujet, en outre, le *concept* n'apparaît pour cette raison que dans la sphère de l'essence, et il est seulement comme un *devoir-être*, parce que l'unité de la réflexion est encore rapport ou parce que le divers n'est pas encore recueilli dans l'unité absolue du concept [et que] l'essence en général dans sa détermination universelle n'est pour l'instant que la *première négation* de l'immédiateté.

> Nous considérons ici les choses telles qu'elles sont en et pour soi, c'est-à-dire telles que l'absolu se reflète en elles. La réflexion survient en tout ; ainsi l'avons-nous considérée dans le quantum.
> Il appartient au tout de ne consister qu'en parties, à la partie de n'exister que dans le tout. Le positif présuppose le négatif de la même façon que le négatif un positif.
> Le médiat est un posé. Le fondement est le posant. – Mais son produit est un posé, un étant, qui n'est pas immédiat mais a son

1. *Unterschied.*

fondement en un autre. À la place de l'être se présente dans le posé *l'avoir*. Ce que nous avons est certes aussi en soi un autosubsistant
112 mais, en tant que | nous l'avons, il n'est plus un autosubsistant. Être et avoir ne sont pas seulement des verbes auxiliaires, ils expriment aussi quelque chose de plus élevé.

Mais l'avoir renvoie la plupart du temps au parfait [1].

L'être surgit à nouveau dans la raison comme concept, comme un autosubsistant. Dans la raison, tout est présent. Le concept est encore, dans la sphère de l'être, l'intérieur. Mais, dans l'essence, il ressort.

L'essence est donc ce en quoi l'être est allé en soi, en même temps toutefois qu'il ressort à nouveau de l'essence.

2. L'essence en général, non pas l'immédiat abstrait, mais médiatisé avec lui-même par suppression de la médiation, est :

a – la *totalité* de *l'apparence en soi-même*, comme la totalité négative de son apparence avec soi-même ou, comme étant pour soi, elle est fondement et exclusion, et

b – elle paraît en même temps hors de soi, elle est réflexion dans soi et réflexion dans l'autre – et passe à l'être comme médiatisé, à l'existence ; ainsi elle est apparition [2] ;

c – l'apparition est en tant que sa totalité l'essence qui est dans soi identique à soi, l'*effectivité* [3].

Serie

Ad § 66

1. L'essence est la triple apparence en soi :

α. comme simplicité immédiate elle est elle-même seulement l'apparence de soi ou bien sa première détermination propre, l'être, mais, en tant que *relation à soi-même, l'identité,*

β. le néant, mais également comme relation du négatif à soi, l'apparence comme paraître, *i. e. la différence*, et

113 | γ. la *différence* qui se retire dans *l'identité*, l'essence déterminée en soi, le *fondement*.

1. *Perfectum.*
2. *Erscheinung.*
3. *Wirklichkeit.*

Ces déterminations offrent ce que l'on appelle communément en logique les lois fondamentales du penser.

> L'absolu est l'essence, c'est-à-dire l'absolu tel que le présente la religion juive ; il est la triple apparence dans la relation, ainsi que la présente la religion chrétienne. Déjà chez Platon et bien avant en Orient cette idée de Dieu était dominante. Dans la religion juive également, on attribue à Dieu des propriétés, mais celles-ci sont seulement posées en relation avec quelque chose d'extérieur, par exemple justice, bonté, etc.
>
> L'essence est identité, une avec l'être, si ce n'est que celui-ci n'est complètement, comme on l'a envisagé précédemment, que l'immédiat. L'essence est certes la totalité du tout. Mais si l'on s'arrête simplement à celle-ci, on n'a alors qu'une abstraction.
>
> L'essence n'est pourtant pas non plus un *caput mortuum*, mais elle est fondement. Elle est l'Un[1] dans soi-même. Ses différences sont un simple paraître.

2. La nature inorganique se situe au niveau de l'essence, qui est en elle la *matière*, et comme la nature est totalement dans la détermination de l'un-hors-de-l'autre, ainsi l'apparence de la matière, *i. e.* ses déterminations de réflexion, se trouve pareillement déployée extérieurement, et cela pour l'instant sous une figure totalement autosubsistante : le paraître identique à soi = la lumière comme corps lumineux, le divers, à savoir l'étant-pour-soi en tant que tel, auquel la différence réflexive est extérieure = le raide[2] ou le figé comme corps lunaire, l'opposition qui est en tant qu'autosusbistante le processus et dont la réduction est le produit neutre = le corps cométaire, et finalement le terrestre dans lequel toute cette apparence retourne comme en son fondement. – La totalité apparaît liée sous ce dernier, l'individuel, comme les | éléments de l'abstraction identique à elle-même, l'air, puis de **114**
l'opposition du feu et de l'eau et, à nouveau, de la terre.

> La vie se situe au niveau du concept. L'essence naturelle est ce que nous appelons matière. La matière paraît dans soi. La matière est déterminée essentiellement.
>
> La matière comme pure réflexion dans soi est la lumière. Le premier paraître de la matière est lumière. L'opposition de l'apparence est double = simple diversité et opposition en tant que telle.

1. *Das Eine.*

2. *Spröde.* Sur cette notion de *Sprödigkeit* dans la philosophie de la nature, cf. *Encyclopédie*, § 296 add., § 311, 312.

La lune est le raide, l'immobile – ce qu'indiquent aussi toutes nos connaissances au sujet de la lune. La différence comme opposition est l'absolue inquiétude, la tendance à se précipiter continuellement dans autre chose – la nature cométaire – ce qui s'exprime d'un autre côté aussi comme neutre. Les Anciens ont dit plus justement au sujet des comètes qu'elles se dispersent comme les météores. On sait à vrai dire que beaucoup reviennent au bout d'un certain temps.

29 juillet 1817. Très beau temps

L'universalité abstraite est l'identité, par exemple, quand je dis : « l'esprit », il s'agit alors d'une détermination abstraite, et l'identité est ainsi posée.

Si je prends à part chaque couleur de la fleur et chaque propriété singulière, j'obtiens alors un concret, mais si je dis : « fleur en général », alors il y a abandon des caractères singuliers et seul l'universel est appréhendé. Ici est donc présente une abstraction. Le bleu en tant que tel, par exemple, est un concret. D'après *Newton*, chaque couleur considérée en soi est un [élément] simple. Seulement, toute la théorie des couleurs de Newton est un non sens et contredit déjà l'expérience.

Tout est identique à soi. Quand je dis : « le beau temps est beau », j'ai bien dit la vérité. Mais si quelqu'un voulait toujours dire la vérité de cette façon, il apparaîtrait comme bien ennuyeux. On
115 exige ici, quand on parle de quelque | chose, toujours un différencié, dans lequel on pose cependant de nouveau l'unité, par exemple : « l'animal est beau », etc.

3. Le vivant et spirituel est concret. L'appréhender[1] simplement sensible est déjà pour soi-même un appréhender abstrait, parce que la sensibilité est la naturalité immédiate extérieure à soi et les sens sont un rapport abstrait au concret en tant que divisé en plusieurs aspects, p. ex., la couleur, le son, le goût, etc. L'entendement, qui est attaché à l'identité abstraite, est précisément cette désorganisation de l'organique, la mise à mort du vivant et du spirituel. La proposition : « A est seulement A et ne peut être en même temps non-A » vaut donc dans le sensible et dans l'étant, par exemple, : « le bleu n'est pas en même temps le rouge », « je ne peux pas être à la fois en Europe et en Amérique », parce que dans cette sphère le différencié est comme un immédiatement *autre* et *extérieur*. La forme de l'identité lui donne la forme vide de l'essentialité et de la relation à soi par quoi la déterminité est enveloppée et doit aussi être dépourvue de

1. *Auffassen.*

sa relation à l'autre, puisqu'elle n'est pas posée comme différence intérieure. C'est pourquoi cette loi, au lieu d'être une loi du penser, est plutôt une loi de la sensibilité et de la réflexion qui s'abaisse à son niveau.

De même que les sens ne peuvent appréhender que des impressions singulières, déterminées, l'entendement ne peut lui aussi appréhender que le singulier. La proposition : « A = A » n'est pas une loi du penser proprement dit, mais seulement la loi de la sensibilité. Dans la sphère sensible, tout n'est que ce déterminé, ce qu'il est et aucun autre, par exemple, [le] bleu est différent du rouge. Mais c'est seulement de manière sensible que cela peut être différencié. Ainsi, quelqu'un peut avoir une veste bleue sans avoir une veste rouge en même temps. Ce n'est que dans le concept que le bleu n'est pas sans le rouge. Toutes les couleurs ne constituent qu'une seule totalité. Chaque différencié a un autre. Le néant se rapportant à soi, c'est la négativité.

Quand nous parlons du bleu, nous parlons alors de ce qui différencie le bleu du jaune, du rouge, etc. Mais ceci même n'est | plus le bleu, **116**
mais ce sont les caractères[1] qui font que le bleu est le bleu, et qui le différencient de quelque chose d'autre. C'est alors un autre, une différence; cette différence est une [différence] immédiate.

La diversité est seulement présente dans la comparaison d'un tiers et a la contradiction dans soi; que cette maison, par exemple, soit cette maison et non pas une autre tient à cette maison, et la différence tient seulement à moi, donc à quelque chose d'autre.

Lorsque nous disons : « ce sont deux choses égales », il est alors indifférent que nous posions ou non l'une égale à l'autre, car, en dépit de cette égalisation, chacune reste ce qu'elle est, pour soi.

31 juillet, temps couvert, avant quoi il a plu un peu

La mathématique pure est une des sciences les plus faciles parce qu'elle est science d'entendement qui a affaire simplement à l'abstrait. – Mais plus difficile ensuite est la mathématique supérieure.

La proposition de Leibniz selon laquelle aucune chose n'est parfaitement semblable à une autre est, telle qu'il la communiqua à la Cour, tout à fait triviale et niaise. Une feuille d'arbre est selon sa nature ce qu'[est] l'autre, car le fait qu'une chenille en ait mordu un morceau, etc., est indifférent, comme l'est aussi que l'une se tienne à gauche et l'autre à droite, et ainsi de suite ; car cela n'a absolument aucune influence sur le penser.

1. *Merkmale*.

Ad § 69

Le divers est quelque chose de relatif, c'est-à-dire en relation à un autre; si celle-ci, en tant que comparaison, ne concerne pas l'objet lui-même, alors la diversité ne le concerne pas non plus. Mais si la diversité lui est essentielle, alors la relativité elle-même lui appartient, c'est-à-dire qu'il n'est pas seulement rapporté à soi identiquement, mais contient aussi
117 essentiellement, de même, la relation à l'autre dans | soi-même, ce qui contredit alors la première proposition de l'identité. Dans la diversité, la déterminité ou la différence est à nouveau prise comme une qualité et comme un être-pour-soi, de telle façon que quelque chose se rapporte ainsi non à un autre, mais que cette relativité soit de même incluse en lui, et c'est pourquoi la diversité est cette contradiction immédiate.

> La proposition: « tout est divers » est en contradiction avec la proposition de l'identité. Le divers doit tout d'abord être pour soi-même.

Ad § 70

Puisque l'identité comme égalité est seulement une unité extérieure, il est déjà présupposé en elle que le comparé soit différencié en et pour soi-même; de même l'inégal, parce qu'il doit seulement être différencié extérieurement, présuppose que le comparé soit égal.

Égalité et inégalité, au lieu d'être des déterminations indifférentes l'une envers l'autre, se rapportent donc elles-mêmes l'une à l'autre, et l'une présuppose l'autre. La différence en général est donc non pas un immédiat, mais bien plutôt un médiatisé et essentiellement l'opposition.

[1.] Dans le domaine scientifique, comme dans toute culture en général, le plus essentiel est tout d'abord de saisir et de reconnaître les objets dans leur diversité déterminée. Mais on ne doit pas s'arrêter à cela, et il ne faut pas que la diversité déterminée apparaisse comme un point de vue pour soi, comme c'est le cas, p. ex., dans les genres et espèces de plantes, d'animaux, d'arts et de sciences, aussi bien que dans les choses singulières, si bien qu'elles ne passent pas dans l'opposition et dans le processus. La diversité déterminée contient tout d'abord ceci: dans l'essence même de l'un des
118 deux différenciés réside le moment à partir duquel il | se rapporte à l'autre, qui est alors *son* différencié propre, et il va ainsi de soi que l'on considère la différence, par exemple, d'un acide à l'alcali, non pas d'une étoile et du

cheval ou du droit à la moralité, et inversement que l'on ne donne pas comme exemple à l'encontre du passage de la diversité à l'opposition qu'un acide est certes différent d'une étoile, etc., mais que tous deux ne sont pas pour cela des opposés, *i. e.* ne sont pas seulement en tant que l'un se rapporte en lui-même négativement à l'autre.

> Le différencié de l'acide lui-même est l'alcali, la potasse. Cette différence n'est pas contingente et arbitraire, mais essentielle. Cela ne dépend pas seulement de ma pensée subjective, mais la différence a son fondement dans ces matières mêmes. Une table peut être, même s'il n'y avait pas d'étoile ; elles ne se conditionnent pas l'une l'autre.

1. Beau temps, août

2. c'est bien la nature et l'être-là sensible dans lesquels l'opposé apparaît dans l'existence extérieure et indifférente l'un à l'égard de l'autre et, ce qui est seulement une étape du processus dans le concept, existe comme genre ou espèce autosubsistant.

> Les acides et l'alcali se cherchent, le sel est leur moyen-terme. Les propriétés des acides ne sont pas essentiellement diverses, mais elles sont seulement de façon déterminée ; l'une conditionne l'autre.

Ad § 71

> L'acide n'aurait aucun sens s'il n'était pas pris en opposition à l'alcali ; ainsi également la lumière a-t-elle son autre dans l'obscurité, la terre dans le soleil, et réciproquement. Quelque chose est donc seulement en tant qu'il reflète l'autre en soi.
> | Lorsqu'on dit de Dieu : « Il est le Bien absolu », il ne s'agit alors **119**
> que d'une simple abstraction. Il est nécessaire que le négatif soit aussi en lui, parce que seul le troisième [terme] est le vrai et l'essentiel, de même que ni l'être ni [le néant ne sont le vrai et l'essentiel][1].

Dans le positif et le négatif, la différence comme telle fait face à l'identité ; le positif doit être ce qui est identique à soi, le négatif, quant à lui, doit être le médiatisé, lequel a dans sa détermination l'autre de soi-même ; mais ce sont les deux ensemble qui constituent toute la différence. La différence pour soi ne doit pas tout d'abord être comme telle l'identité,

1. Entre crochets dans l'édition allemande.

à savoir le non différencié mais, en tant qu'elle est pour soi, elle peut seulement être différenciée d'elle-même.

À la différence appartiennent les deux. Les deux sont-ils seulement les différenciés, alors l'un est ce qu'est l'autre. L'un est alors le différencié en tant que tel et l'autre son contraire, l'identité. Celle-ci repose alors en lui-même. Elle [la différence] est, en tant qu'elle doit seulement être elle-même, rapportée à soi de façon identique, ainsi aussi bien son opposé, et elle est allée hors de soi. Elle empiète sur son contraire et est l'identité d'elle-même et de son autre.

Le 4 août, temps couvert

Si Dieu n'était pas en lui-même contradiction, alors il ne pourrait pas être le créateur[1] du monde. Le bien ne pourrait pas être sans le mal, et inversement; les deux ont leur vérité seulement dans leur identité; leurs oppositions ne sont pas, ainsi que le comprennent les Orientaux, figées ou éternelles, elles s'effondrent[2], leur vérité est le fondement[3].

Ad § 72

Notre langue réunit pareillement dans les expressions «*zu Grunde gehen*» [s'effondrer] et «*aufheben*» [supprimer] le double [sens] que quelque chose cesse en son fondement d'être ce qu'il était – c'est le côté simplement *négatif* de la contradiction – mais en même temps, c'est le côté
120 positif, | qu'il est aussi bien, et ce dans son essence, conservé et maintenu.

Le fondement est la totalité de l'essence, de la réflexion, l'apparence dans son essentialité.

Le fondement est l'essence en tant que posée de façon déterminée. L'essence est le vrai en soi, l'essence sans fondement est l'identité unilatérale, la réflexion. Le fondement est à différencier de l'identité et de la réflexion. Lorsque l'on dit: «tout a son fondement[4] suffisant», cela équivaut à: «le fondement est son essence, c'est-à-dire ce positif a son négatif comme essence».

1. *Schöpfer*.

2. *Zu Grunde gehen,* dans le double sens d'aller à l'abîme, de disparaître, d'une part, d'aller au fondement, au principe, d'autre part.

3. *Grund*.

4. *Grund*. Le même mot *Grund*, le *fondement,* peut être traduit aussi parfois par *raison,* par exemple, lorsqu'on parle comme ici du principe leibnizien de «raison suffisante»

Le fondement fonde quelque chose, c'est-à-dire qu'il est le négatif de lui-même.
Par fondement suffisant Leibniz entendait les fins.
L'être est l'immédiat, l'existence est l'être qui ressort[1]. L'être est aussi utilisé pour le concept ; on dit : « le concept est ». Mais par cela la pensée n'a encore aucune existence. « Venir au jour »[2] est devenu une expression très commune de la nouvelle philosophie. Mais cela n'est pas encore un concept, c'est l'immédiateté du mouvoir qui s'exprime en elle.

Ad § 74

Le fondement est l'opposition supprimée de l'essence, ainsi son identité reconstituée avec soi. Mais l'opposition constitue la réflexion de l'essence. Le fondement est pour cela en même temps cette réflexion supprimée ou est l'identité, non plus comme réfléchie ou médiatisée, mais comme immédiate.

De plus, le fondement comme essentialité se médiatisant avec soi, qui se supprime jusqu'à l'immédiateté, est en même temps encore un *passer dans un autre*[3]. Dans le fondement émerge à nouveau la véritable déterminité | de l'essence, c'est-à-dire sa relation à *l'être*. Mais le fondement est **121**
tout d'abord seulement l'identité de l'un et de l'autre étant en soi et comme telle non encore *posée* ; ou bien elle n'est pas encore séparée de la différence de l'essentialité et de l'immédiateté, pour cela elle n'est pas encore [une] unité qui se rapporte à soi à l'encontre de celle-ci, c'est-à-dire comme *contenu*, de même que ce passer n'est pas encore déterminé comme forme vide.

5 août 1817, temps couvert

Une existence, en raison de cette différence en général, en tant que [cette dernière] est prise comme diversité, peut avoir un encore tout autre contenu que celui que doit être son fondement, lequel contient d'elle, dans cette mesure, seulement un quelconque côté. De plus, il n'y a encore dans le fondement aucune nécessité. Le fondement, dont le fonder est le nécessaire, est tout

(«*zureichendem Grund*»). Nous maintenons néanmoins la traduction par « fondement suffisant ». Cf. *Encyclopédie*, § 73, trad. B. Bourgeois, Paris, Vrin, 1970, p. 221 et note.

1. *Herausgehobene*.
2. *Hervorgehen*.
3. *Übergehen in Anderes*.

d'abord la cause. Celle-ci est l'effectif et *l'actif*[1] par soi, qui est aussi, selon le contenu et l'être immédiat, identique à l'effet.

Le fondement d'une maison est un vrai dans la mesure où la maison a une pesanteur et une matière.

Le varié[2] comme pluralité de différenciés a divers côtés et peut donc aussi avoir divers fondements. Ainsi une action peut-elle avoir un ensemble de raisons[3].

L'homme, par exemple, doit préserver sa vie dans la bataille. Si l'homme prend cette raison[4] comme principale, il s'agit alors, dans ces circonstances, d'un côté inessentiel et anodin; dans d'autres circonstances, il peut s'agir d'une raison principale. Même pour de bonnes raisons, il arrive souvent qu'on fasse le pire de tout quand les circonstances ne sont pas celles par lesquelles cette raison devient essentielle.

Le fondement même n'est rien d'actif. Il est possible de présenter à quelqu'un de bonnes raisons d'accomplir une action; mais il dépend ensuite de lui, de la subjectivité, de vouloir ou non accomplir cette action. La cause est aussi chose[5], mais elle est la
122 première chose, en | elle, l'effet est déjà compris. Intérieur et extérieur sont ici originairement un. Ici, l'essence s'est déterminée. Ce n'est pas ainsi dans le fondement.

Le fondement est l'essence déterminée en soi et pour soi, le supprimer de la médiation; le supprimé de la médiation elle-même est l'existence.

Ad § 75

Le fondement ne subsiste pas à l'intérieur de telle manière que l'existant qui vient au jour à partir de lui serait en dehors de lui, mais il reste identique à lui dans [ce] venir au jour. Il est aussi bien ce qui se supprime dans l'immédiateté qu'il est, dans celle-ci, la médiation. L'existence est ainsi la totalité de cette détermination sienne.

1. *Tätige*.
2. *Das Mannigfaltige*.
3. *Cf.* n. 4 p. 124.
4. *Grund*.
5. Jeu de mots entre *Ursache* (cause) et *Sache* (chose).

Le fondement est la séparation de la réflexion dans soi et de la détermination. Toute la détermination du fondement passe dans l'immédiateté, l'existence.

L'existant est alors :

1. ce tout même comme chose[1], tout d'abord avec des propriétés déterminées à l'égard desquelles en tant que côté de la réflexion en autre chose celui-ci se détermine comme *chose en soi*. D'après la diversité, la chose est constituée de matières autonomes, dont les déterminités toutefois se suppriment selon l'opposition et retournent dans leur fondement, qui est alors la choséité abstraite, étant en et pour soi, et pour cela en même temps indéterminée mais capable de toute déterminité, *i. e.* la *matière*, laquelle est dans son être-déterminé-en-soi-et-pour-soi en même temps *diversité* en soi indéterminée *sans forme*.

La chose se détermine en premier lieu comme chose par diverses propriétés et matières; la deuxième [détermination] est qu'elle est constituée de matière pure et abstraite et de forme; la troisième [détermination] est le passage de la matière dans la forme et de la forme dans la matière.

|L'existant présente cette essence. L'existant doit être d'abord **123**
reconnu comme chose. Mais la chose elle-même a en soi de nombreuses diversités qui constituent la différence et la réflexion en un autre; ce sont les propriétés de la chose. Ce en quoi celles-ci paraissent est de nouveau la chose. Les propriétés ne sont pas des existants-pour-soi mais seulement des réflexions de la chose dans soi. La chose est le porteur des propriétés. La chose est dans cette détermination de réflexion unilatérale la chose en soi, l'existant en soi.

Le fondement passe dans l'immédiateté. La chose en soi est le fondement. Le fondement est ce par quoi une médiation est posée.

Les propriétés de la chose deviennent cependant autosubsistantes immédiatement; ici donc la chose n'est plus [le] porteur, mais ce sont bien plutôt ces propriétés qui sont [le] porteur.

La détermination de la totalité est la même que celle de l'être immédiat et est considérée ici seulement dans son existence. – De cette manière, la matière émerge comme indéterminée et dépourvue de forme, c'est-à-dire comme matière considérée dans son immédiateté. Les déterminations de l'existant sont les différences dans soi. La réflexion dans

6 août, beau temps

1. *Ding*.

soi et la réflexion dans autre chose sont une. Ainsi donc les propriétés sont elles-mêmes matière. Le fondement est avec le fondé réflexion dans soi. – La couleur possède une matière électrique, une matière odorante, etc. On a aussi admis [1] une matière sonnante, une matière lumineuse, etc. Les choses inorganiques se trouvent à ce stade de la réflexion. Mais cette existence est non véritable. On peut décomposer le sang en lymphes, hydrogène, etc.; mais ces composants [2] ne sont alors plus le sang.

124 La détermination des propriétés est dans l'opposition. | – La matière est aussi l'être-déterminé-en-et pour-soi, mais non pas le déterminé. Elle est le germe de toute déterminité.

Nous nous représentons la matière comme un infiniment composé, à partir duquel tout pourrait venir au jour. Mais en elle, ce varié n'est pas divers, d'où la continuité de la matière.

2. La chose se désagrège [3] alors dans la matière et dans la totalité de la déterminité fuyante, la forme. À ce point de vue, on émet la proposition fondamentale [4] que la matière demeure inchangée et que tout changement tombe dans la forme.

On appelle habituellement la matière le sans forme, par exemple : le bois à partir duquel la table est faite. Mais même le bois a une forme déterminée, c'est pourquoi la matière habituelle est seulement matière relative. La matière pure est en soi, est toute indéterminée et sans forme, c'est pourquoi on tint aussi l'éther pour matière pure. Mais elle peut seulement apparaître dans la réflexion.

3. La forme est alors n'importe quelle déterminité tout autant, puisque chacune est une détermination de réflexion sans contenance, seulement une forme, que la réflexion dans l'autre, et ainsi la totalité de celle-ci. En tant que celle-ci elle est cependant la différence qui coïncide avec elle-même. La simple *solidité du tout* ou inversement la matière est la matière sans forme, la vide abstraction ou identité de l'existence avec soi, ainsi elle est le tout posé seulement dans cette détermination de réflexion et même seulement un moment de la forme. Le changement absolu de

1. *Angenommen.*
2. *Diese Zerlegten* : littéralement, ces décomposés.
3. *Zerfällt.*
4. *Grundsatz.*

l'existence est ce passer de la forme et de la matière l'une dans l'autre et l'apparence posée comme totalité : *l'apparition*[1].

La forme est la totalité[2] complète des déterminations de la matière.
La matière est la totalité complète dans la réflexion, et de la même
manière aussi forme ; les deux passent alors l'une dans l'autre, et
leur vérité est ce passer de l'une dans l'autre. – Quand | nous disons : 125
« c'est *seulement* une forme », alors nous exprimons ainsi le dispa-
raître de la déterminité ; dans ce disparaître la forme coïncide avec
elle-même et s'effondre en tant qu'elle se réduit à soi.

Ce disparaître est l'identité pure de la forme dans soi, et par cela elle passe dans la matière. De même, la matière passe éternellement dans la forme ; dans la pensée de la matière se trouve déjà la forme, puisque en elle la possibilité de la forme est posée. Mais cette possibilité est en même temps effectivité. Car, du fait que la matière soit déterminée comme sans forme, la forme est en même temps déjà posée en elle.

[Le] moi, la forme pure, est la matière absolue qui est le pur repousser, le diviser, le jugement. Le passer de la forme dans la matière, et inversement, est alors l'apparition.

Face à l'identité, il y a l'apparence. L'apparition est ce tiers de la matière et de la forme. – L'apparition est l'apparence réalisée.

Ad § 81

7 août, très beau temps

L'apparition est l'essence réalisée ; la détermination de réflexion est, comme totalité réfléchie en soi *matériellement*, un immédiat et en même temps un subsister essentiel. L'essence est dans cette mesure comme le système de l'existence, mais cette déterminité matérialisée demeure aussi bien *moment* de l'essence et *apparence*, réfléchie dans son autre. Le système de l'existence est grâce à l'essence même, c'est pourquoi le système de l'existence est essentiellement apparaissant.

1. *Erscheinung*, qui désigne aussi bien dans la suite ce qu'on appelle en français le « phénomène ». Nous conservons la traduction « apparition ». Cf. *Encyclopédie*, trad. Bourgeois, p. 223 et note.

2. *Totalität*.

L'univers[1] est ce que nous appelons monde, c'est-à-dire un infiniment varié, déployé, non encore existant toutefois, mais encore immédiatement dans soi, encore moment de l'essence. L'essence
126 est système de l'existence, l'existence est seulement par | l'essence. Quand l'apparaissant est considéré en soi, il n'est aucune essence.

Ad § 82

L'unité de la médiation et de l'immédiateté ou, plus précisément, de la matière et de la forme, dont chaque [terme] est déjà en lui-même une telle unité, est un *subsister essentiel* qui est dans soi la *totalité des déterminités*. En lui, les différenciés, forme et matière, sont des moments supprimés, et il est à leur égard comme l'unité réfléchie dans soi et indifférente de ceux-ci. Cette identité de l'apparition avec elle-même est son *contenu* et, selon sa déterminité essentielle, abstraite, la *loi* de celle-ci en général, qui est cependant essentiellement elle-même médiation apparaissant, le *rapport*[2], la forme du contenu identique posée dans sa déterminité et matérialisée.

Quand nous parlons du contenu, nous distinguons celui-ci de la forme et de la matière, comme, par exemple, pour un livre; le contenu absolu est totalité de la déterminité, qui a la forme même en soi ainsi que la matière. La loi est la forme en général. La forme est cependant essentiellement matière. Dans la loi il n'y a pas seulement deux différenciés, mais en elle est le rapport; le rapport est Un contenu[3] d'existence opposée. Le crime a le même contenu que le châtiment et inversement, seule leur relation identique est leur différence.

Dans le rapport de l'intérieur et de l'extérieur, il y a ce que nous appelons rapport[4].

1. *Universum.*
2. *Verhältnis.*
3. *Ein Inhalt.*
4. *Verhältnis.*

Ad § 84

Les parties sont pour soi autosubsistantes, il est indifférent au tout d'avoir ou non ces parties.

| Cela ne peut alors être bien compris que si l'on parle du tout **127**
comme tout *in sensu absoluto*, car ici le discours ne peut encore porter ni sur la quantité ni sur la qualité du tout.

Ad § 85

8 août, très beau temps

1. La contradiction que contient le rapport du tout et des parties, une fois *posée*, est le rapport de la force et de son extériorisation, à savoir le tout en tant que totalité réfléchie dans soi, qui contient en elle le contraire d'elle-même, à savoir la diversité indifférente, immédiate, mais qui la possède aussi en tant que telle hors d'elle.

Chaque partie doit de nouveau être considérée comme un tout, qui est à son tour composé de parties, ce par quoi est posé le progrès à l'infini.

2. Dans la force est alors posée la *relation*, et certes encore comme relation négative des deux côtés indifférents l'un envers l'autre du premier rapport. Mais dans cette première relation, leur indifférence est de la même manière encore présente. La force et son extériorisation sont pour cela en même temps encore posées comme diverses; celle-ci, la totalité, comme réfléchie dans soi, vaut comme un autre plus que comme l'extériorisation.

La force est tout d'abord la première relation, le premier négatif, le conditionné, ainsi encore indifférent, vide, inessentiel; la troisième relation seulement est essentielle.

Ce rapport, et la force, est par conséquent au bout du compte encore *fini*.

3. La satisfaction qu'obtient le connaître réfléchissant dans le concept de la force en tant qu'il ramène les apparitions de l'esprit et de la nature à des forces, à un ultime [élément], et les *explique* par là même, tient :

a. à ce que l'on ne s'arrête pas, en ce qui concerne ce rapport, à
l'existence | *immédiate* mais qu'elle est considérée comme réfléchissante **128**
dans soi et, ainsi, dans son *idéalité*.

Le début de l'idéalité qui se met en œuvre ici est, de nouveau, pris uniquement dans ce sens que l'idéel est un intérieur et un inconnu.

> La force est le persistant, l'identique à soi; la forme de la force contient la forme de l'idéalité. La cohésion des métaux est une force; c'est quelque chose d'idéel qui est capable de porter tant et tant de livres[1], etc.

b. Ce fondement est *naturel*, c'est-à-dire qu'il contient toute la déterminité de l'existence selon son contenu en soi et est aussi fini qu'elle. L'explication ne dépasse donc pas le fini.

c. La force est pour cela limitée et fixée par l'entendement dans son contenu *fini* qui n'est pas considéré comme un moment de réflexion fluide, c'est pourquoi les forces de la nature et de l'esprit se dressent de manière autosubsistante l'une contre l'autre et ne forment pas un système rationnel.

d. C'est pour cette raison que l'explication par les forces est un formalisme et une simple *tautologie* vide en tant que l'existence est reconnue à partir de la force, et inversement la force à partir de l'existence,

10 août 1817 et n'est pas reconnue comme moment de l'Idée et par conséquent comme nécessaire pour soi.

Ad § 86

L'extériorisation de la force est elle-même le supprimer de l'indifférence et de la diversité encore présentes et présupposées des deux côtés de la force comme ce qui est réfléchi dans soi et de l'extérieur comme être réfléchi dans autre chose, le supprimer de la médiation telle qu'elle est encore dans ce rapport et de la finitude de la force en général ou le poser de l'unité constituant son concept. Les deux différences ne sont donc plus comme des moments autosubsistants, mais *posés* comme purs *moments de la forme* dans le rapport de l'intérieur et de l'extérieur; la forme qui est de cette manière identique à soi est précisément par là identique au contenu,
129 | identité qui est *l'effectivité*, la vérité de l'apparition, l'essence réelle, laquelle dans son *existence* est *positivement* identique à soi. Dans cette *identité positive* des différences, le *devenir* ou *passer* qui appartient à la sphère de l'être, ainsi que *l'être-médiatisé* par un opposé, dans la sphère de l'essence, a disparu. Cette identité provient de ce que chaque côté de l'opposition et du rapport s'est déterminé lui-même comme la totalité

1. *Pfunde*.

entière. – Elle est tout d'abord l'effectivité, et ce dans son immédiateté, mais *en soi* déjà le concept, et le développement intérieur de ce que l'effectivité contient en soi est seulement le poser de celui-ci même.

La force n'est pas, comme la cause, activité par elle-même, mais doit être sollicitée par un autre, par un stimulant qui repose certes lui-même en elle mais comme un extérieur. L'extériorisation est seulement par la force, mais la force aussi n'est que par l'extériorisation. Aucune n'est sans l'autre. [Le] rapport de l'intérieur et de l'extérieur est le vrai de la force. Les deux ne sont en soi que des moments vides.

Le véritable intérieur est immédiatement l'extérieur. Dans la pensée de la force se trouve déjà l'extériorisation, dans la pensée du Tout déjà les parties, etc. Ainsi son identité est par là même déjà posée, mais en même temps la contradiction, parce que l'une présuppose l'autre, se rapporte nécessairement à l'autre.

Temps plus froid. Danse à [...]. J'entends tout cela [...]

La force est le poser de l'identité et le rapport est l'identité posée. Ainsi les parties sont-elles seulement dans le tout et par le tout. Mais inversement, le tout est seulement par les parties. Par la force, leur identité est posée, – et le posé se présente alors grâce au rapport.

Le mot « effectivité »[1] vient de l'effet[2]; [il désigne] quelque chose qui est là en tant que tiers de l'essence et de l'apparition.

| *Ad* § 92 *et sequentes* 130

12 août 1817, beau temps

L'effectivité n'est pas l'être immédiat mais, en tant qu'être essentiel, la totalité de la réflexion de l'être dans soi-même. Les différences de l'effectif sont des déterminations de trois sortes :

1. Formellement ou dans l'abstraction immédiate, l'effectivité est identité abstraite avec soi ou l'intérieur, mais seulement posée comme un mode vide : la *possibilité*. D'après cela, ce qui est possible n'est pas encore effectif parce que cette intériorité ou réflexion dans soi vaut comme une abstraction vide. Mais ce qui est effectif est possible, c'est-à-dire que l'effectif contient en général ce moment essentiellement dans soi.

1. *Wirklichkeit.*

2. *Wirkung*, littéralement : action, effectuation, puis effet comme fruit de l'action : il faut donc entendre l'agir et pas seulement son résultat.

L'effectif ainsi posé face au possible est *l'extérieur*, aussi bien comme un mode vide : le contingent.

> La possibilité est l'intérieur, mais comme mode simple, vide, comme être posé, forme vide ; c'est encore quelque chose d'inessentiel, de seulement abstrait. D'après Kant, la modalité ne doit plus rien être d'objectif ; possibilité et effectivité sont de tels modes, mais non pas la nécessité.
>
> Si l'on appelle impossible ce qui se contredit soi-même, alors tout est impossible : Dieu, l'espace, le monde, etc. ; quand on dit, par exemple : « L'espace est une extériorité[1] réciproque et il est encore un continu ».
>
> Un cheval volant n'est pas impossible, il peut être pensé. En rapport à l'air, il est impossible qu'un cheval en tant que cheval puisse voler, d'où encore une impossibilité.

2. Selon l'identité relative, le possible et le contingent, en tant que formes qui ne sont que des espèces et des manières, ont leur essentialité immédiatement dans leur autre, et cela tout d'abord dans leur identité simple, le *contenu*, ainsi ils se tiennent en même temps en rapport comme divers et sont médiatisés. Le possible est seulement par l'extérieur ou le contingent, et le contingent par un autre contingent.

131 | Que quelque chose soit possible et que le contingent soit effectif dépend, outre son contenu, de circonstances extérieures, contingentes même, seulement possibles.

> Possibilité et contingence sont aussi différenciées l'une de l'autre, le contenu est seulement leur unité substantielle. – De ce côté, les deux sont donc différenciées et médiatisées par le rapport.
>
> Que le contingent soit effectif, cela dépend d'autres contingents. Ces contingents sont de nouveau possibles, c'est pourquoi la contingence dépend elle-même à nouveau de possibilités.

3. Le rapport absolu, cependant, est leur opposition déterminée et leur passage dans celle-ci, laquelle se renverse immédiatement, en un rapprochement paisible avec elle-même, dans l'identité positive de l'effectivité avec soi, la *nécessité*. L'effectivité qui est rabaissée à la contingence est telle qu'elle est seulement *posée*, et donc *brisée en soi,* c'est-à-dire en soi comme effectivité immédiate et dans son essentialité comme possibilité intérieure qui a un autre contenu, opposé à celle-ci. – Cette possibilité est cependant, en tant qu'intérieure, elle-même un médiatisé, et cela grâce à

1. *Außereinander.*

cette immédiateté, qui est dans cette mesure sa | présupposition et sa **132**
condition. L'unité absolue de ces différenciés est l'unité de la possibilité et de l'effectivité, est la négativité de l'un et de l'autre, la *totalité de la forme posée* elle-même comme différente de l'effectivité extérieure ou contingente et de ses contenus, *l'activité*, qui apparaît donc également sous la figure particulière d'une effectivité.

13 août 1817, temps couvert

L'effectivité est l'extériorisation immédiate entre l'intérieur et l'extérieur. – Possibilité et effectivité paraissent opposées l'une à l'autre. – Le possible est réfléchi dans soi et se rapporte à un autre qui est l'effectivité. La possibilité présuppose une effectivité, lequel présupposer est la condition. Le négatif de soi-même est l'actif; l'effectivité est l'activité; l'unité de la possibilité et de l'effectivité est la totalité de la forme, laquelle est activité en tant qu'un tiers.

Cette activité se tient maintenant du côté de la possibilité intérieure comme de l'effectivité réfléchie dans soi et apparaît comme violence à l'encontre de l'effectivité extérieure encore seulement contingente qui est supprimée comme brisée au dedans de soi et nulle[1] et à la place de laquelle se produit la nouvelle effectivité, la précédente possibilité intérieure. Mais celle-ci contient aussi, comme *totalité* même *des conditions*, le *contenu de la chose*, et en outre, comme nulle en soi, également la négativité d'elle-même et *l'activité* de produire au jour[2]. La nouvelle effectivité s'unit par là dans celle dont elle prend la place aussi à elle-même et supprime son passer dans le devenir en une identité positive avec soi, de telle manière que son surgir soit seulement pure manifestation[3] : la nécessité.

L'effectivité est la totalité de la condition même. L'activité est la totalité de la forme.

1. *Nichtig.*
2. *Hervorbringen.*
3. *Manifestation.*

Ad § 97

Si donc :

1. toutes les *conditions* d'une *chose* sont présentes, elle doit alors arriver, *i. e.* les conditions contiennent autant le contenu de la chose que l'activité de venir au jour [1] et la détermination de l'effectivité. Et

2. ce qui *doit* arriver, *doit* arriver, c'est-à-dire que la nécessité est relation identique, tautologique à soi-même.

Les conditions sont contingentes. – Quand toutes les conditions d'une chose sont là, la chose est alors nécessaire. – Ce qui est, est, et est nécessaire.

Il est tautologique de dire : « s'il n'y avait pas eu telle et telle condition, alors cela ne serait pas arrivé », parce que cela veut dire : « si cela n'était pas arrivé, cela ne serait pas arrivé », dans la mesure où ce sont les conditions qui constituent l'événement [2] même. Un peuple qui est tout entier pénétré d'une idée devient sans esprit car,
133 en lui, la possibilité | et l'effectivité sont devenues nécessité en totalité.

Lorsque la république romaine atteignit son apogée vers lequel elle tendait depuis toujours et qui avait été son but, elle dut de nouveau s'écrouler en elle-même. L'individu qui ajouta la dernière pierre à l'édifice fut César. Mais il était seulement le réceptacle de tout ce nouvel esprit qui se recueillait en lui. Lui-même était l'unité vide. La nécessité était là. César fut l'organe du nouvel esprit qui apportait avec lui le changement. Il en est ainsi de tous les grands événements et il est tout à fait simpliste de vouloir faire dépendre ces grands événements de simples anecdotes. Cicéron ne connaissait pas lui-même ce principe fondamental, c'est pourquoi son effort d'éloquence, cette lutte contre le temps, apparaît comme simple bavardage sous cet éclairage.

14 août, beau temps

L'absolu est la nécessité ; celle-ci est la détermination suprême et le concept ultime dans la sphère de toutes les connaissances. Le nécessaire n'est pas un médiatisé, mais un ultime, un être-en-et-pour-soi.

1. *Hervorbringen.*
2. *Das Geschehen.*

Ad § 98

La nécessité est en soi le concept, mais encore comme l'intérieur dont les côtés ont l'aspect d'effectivités autosubsistantes et dont la relation est un passer dans l'opposé, le posé de ce qui est contenu dans le concept de la nécessité, et son passer dans le concept même ou dans la liberté est le déploiement de l'absolu dans la progression à travers les trois rapports absolus de la *substantialité*, de la *causalité* et de *l'action réciproque*.

Le premier, le nécessaire dans son immédiateté, correspond au rapport de réflexion du *tout* et des *parties*, de telle façon cependant | que les parties **134**
n'aient plus d'autosubsistance mais que la substance soit purement et simplement le subsister du différencié, et que celui-ci soit seulement comme un accident procédant d'elle et disparaissant en elle, et la *substance* la *totalité* et la puissance absolue des accidents.

> *Spinoza* appréhendait l'absolu comme substance absolue. La substance absolue doit cependant être distinguée soigneusement de toutes les substances finies qui subsistent seulement grâce à leur qualité, quantité, etc.
> La philosophie spinoziste est un vrai point de vue dont on peut partir.
> La substance est certes différenciée des accidents. Considérés essentiellement, les accidents ne sont cependant pas sans la substance, la substance est donc leur identité propre.
> La substance est la totalité des accidents et en soi la puissance absolue.
> La puissance est la négativité substantielle. Seule la substance a de la puissance dans le monde. Quelque chose n'a de la puissance que par le substantiel. Toute pensée, toutes les idées et toutes les lois, tout ce qui exerce un pouvoir dans le monde est seulement puissance, laquelle est substance.
> Tout ce qui est effectif est une forme = un moment de la substance absolue. Comme la substance est en soi la totalité, elle est alors aussi la totalité de tous les accidents et extériorisations.
> Le fini est effectif et, parce qu'il est effectif, il est l'infini. Ainsi, le fini passe par la forme de la puissance dans le substantiel même.
> Le spinozisme en reste à la substance et devient ainsi unilatéral.
> La substance qui ne se rapporte pas seulement à elle-même mais passe aussi à l'extérieur est la racine de tout extérieur.

135 | Nous devons tout reconnaître comme une extériorisation de l'éternel si nous voulons connaître quelque chose véritablement (*sub specie aeterni*).

Les accidents sont le disparaître, seulement les moments de la forme. La substance est agissante, se rapportant à elle-même dans sa substantialité. Dans son accidentalité, elle retourne en elle-même.

Le second [rapport], la causalité, correspond au rapport de réflexion de la force, mais de telle façon que la cause soit également dans sa réflexion en soi l'effectivité tout entière, et ainsi hors de soi le posé de celle-ci même comme son *effet*, mais en tant que différence vide dans laquelle la cause reste identique à soi.

16 août 1817, temps pluvieux

La substance est cause efficiente, une chose originaire qui agit essentiellement en soi, se détermine comme effectivité accidentelle, sans être sollicitée par un autre, parce qu'elle a la négativité en soi. En tant que réfléchie dans soi, la substance est essentiellement rapport.

Elle est aussi le supprimer de la réflexion en soi-même, l'effet, mais l'effet comme un supprimé. – Dieu est la cause absolue. Mais il est aussi l'actif; le contingent est son propre moment en lui. Le contenu de l'effet est l'identité de la cause et de l'effet. L'originarité de la cause est supprimée dans l'effectivité. Une cause qui n'a pas d'effet n'est pas une cause, ce n'est que dans son effet que la cause devient effective, par exemple, quand une poutre pousse, elle n'est pas alors cause en tant que poutre mais uniquement dans la mesure où elle pousse. – L'intensité de la poussée vient dans le poussé; la force du poussant passe dans le poussé, grâce à quoi la même force est maintenant dans le poussé. On dit : « La pluie rend humide », mais la pluie est l'humide même. Elle [la pluie] n'est appelée cause que dans la mesure où elle est première, en tant qu'humide maintenant, elle est appelée effet.

136 | On parle encore de causes finies; cela vient du fait que nous retenons la cause dans l'effet. Elle est aussi prise comme finie parce qu'elle a une forme finie.

Quand la cause est prise comme du fini, on parvient à un progrès à l'infini; car c'est ainsi que la cause redevient effet d'une autre cause et ainsi à l'infini. – Moyennant quoi l'on revient toujours au premier; l'explication des effets de cette façon serait une répétition du premier.

Ad § 103

Le troisième rapport, l'action réciproque, est le rapport de l'intérieur et de l'extérieur, mais de telle façon que l'extérieur ou l'effet soit posé comme cause et, inversement, que l'intérieur soit posé en partie, immédiatement en lui-même, comme chose effective et également, en partie, selon sa déterminité différenciée, comme effet ; par là, sa relation est déterminée comme un passer, mais en même temps comme le retour identique dans soi-même. Dans l'action réciproque, saisie tout d'abord seulement comme rapport de réflexion, deux substances doivent se tenir l'une en face de l'autre. Mais leur substantialité n'est rien d'autre que cette totalité de leur déterminer, du choc en retour dans soi, qui est la nécessité manifestée, le *concept*.

> L'immédiateté présupposée est la cause ; la cause saisie comme première n'est plus alors la cause véritable. – Quand nous disons de Dieu : « Il est le premier immédiat », cela veut donc dire : « Il est le passif ».
>
> Le progrès[1] à l'infini de l'effet vers la cause est un très mauvais progrès. – L'action réciproque est tout d'abord la vérité de ce progrès.
>
> | La cause même qui est posée comme immédiate est une cause passive parce que cette originarité immédiate est un être-posé même. 137
>
> 18 août, beau temps
>
> Toute *actio* est *reactio*. L'agir efficient est efficient[2] uniquement parce qu'il est en soi insatisfait, un négatif, un *seulement*, un incomplet.
>
> Dans le spinozisme, la substance est considérée comme simplement positive et sa négativité, par laquelle la substantialité devient active, est laissée de côté.

1. *Progreß.*
2. *Das Wirkende ist wirkend.*

Ad § 105, 106

La causalité contient déjà le *passage* de *l'effectivité* au concept, dans la mesure où la cause se réfléchit dans soi et est cause comme unité négative en soi de la solidité substantielle avec l'accidentalité ou l'être-posé – unité qui est déjà l'effectivité comme nécessité –, non pas comme totalité immédiate, mais dans son effet, *i. e.* en tant qu'elle se fait *être-posé*. Dans l'action réciproque se détermine encore ceci :

1. que l'être-posé est aussi bien cause, la totalité entière et

2. que la première immédiateté et originarité de la cause est elle-même une passivité, un *être-posé*. Le concept n'est alors rien d'autre que cela, être réfléchi dans son être-posé ou dans la détermination de forme en tant que telle dans soi, de telle manière que chaque moment de la forme elle-même soit le concept complet, mais déterminé. Ceci constitue sa réalité ou son unité *étant en soi* avec soi ; et qu'il soit l'unité de cette détermination de forme totale, telle est son unité formelle et idéelle ou *étant pour soi* ; que chaque moment soit *posé* comme constitué en totalité et aussi bien comme dissout dans l'unité, comme moment, telle est la liberté du concept.

138 | Quand nous disons : « La cause produit des effets », cela est vrai aussi. Mais la cause est seulement en tant qu'elle produit un effet, la cause est ce posé même. Ce choc en retour, cet être posé, ce mouvement et ce cercle en soi-même n'est rien d'autre que la cause réduite à l'effet : la fusion de la dureté, l'être-dans-soi, la réflexion en soi, le concept. – La substantialité est seulement comme le tout, et la nécessité est l'effectivité. – Ainsi la cause se fond dans l'effet. L'effet comme être-posé est alors lui-même la chose originaire. Le moment est ici lui-même la totalité.

C'est déjà parce que la cause est un immédiat qu'elle est déjà un être-posé, un effet.

L'infini est déjà un fini, la cause, comme un immédiat, [est déjà l'effet]. Quand on dit : « L'infini passe dans le fini, la cause passe dans l'effet », alors ce passer, ce devenir est plutôt un supprimer du fini ; l'infini qui devient est lui-même déjà le fini et son devenir est le supprimer de l'être posé même. Dans le concept est ainsi déjà contenu, déjà posé immédiatement, ce qui procède de lui.

Le concept se différencie dans ses moments, chaque moment est sa forme. Mais chaque moment est aussi le concept lui-même. Dans la philosophie schellingienne cela veut dire : « La nature est la même chose que l'esprit ». – Dans l'aimant, chaque pôle est seulement porté par l'unité des deux, chacun ne peut être que si l'autre est. C'est [ce qui arrive aussi] pour la lumière. Les formes de l'esprit, tel qu'il se différencie dans lui-même, tel qu'il se sait, sont posées en lui comme les formes dans la nature.

L'en-soi de l'intérieur et de l'extérieur est reconnu nécessairement dans l'esprit.

| L'idéalité absolue est une avec la réalité. **139**

Ce n'est qu'un tout, qu'une totalité. Chacun des opposés est moment, est être-déterminé avec soi.

Le concept seul est libre, voilà l'infinie bonté du concept; la justice du concept est que les singuliers peuvent se tenir en lui les uns à côté des autres; leur identité est que ces singuliers se dissolvent les uns dans les autres et gardent chacun, dans cette dissolution dans un tout, leur propre être.

La vérité du destin est la liberté. La dureté de la nécessité effective s'est, en cette unité avec la liberté absolue, fondue en un.

L'essence est le paraître en soi-même. Par le fait que chaque moment ait dans soi la substantialité, la réalité du singulier est posée.

Le concept s'est développé à partir de l'être comme à partir de son fondement. L'être, approfondi en lui-même, atteint le centre du concept.

Selon *Schelling*, Dieu n'est pas sans avoir, comme son fondement, le monde dont il procède[1]. Le parfait procède de l'imparfait. Mais c'est Dieu lui-même qui fait cette présupposition de la nature. Il a procédé à partir de lui-même; le parfait qui ici doit avoir abandonné l'imparfait est lui-même l'imparfait.

Dans le système de l'émanation, la lumière est le premier à partir duquel tout procède. C'est le plus parfait, dont procède toujours ce qui est plus imparfait, jusqu'au plus imparfait de tout, jusqu'à l'obscurité. 19 [août]

Dans la mesure où l'être est moins parfait que le concept, c'est, dans notre philosophie, le plus parfait qui est venu au jour à partir du moins parfait. Le parfait est un concept qui a surtout joué son rôle dans la philosophie wolffienne.

| Il s'agit d'un faux concept lorsqu'on dit que l'imparfait est venu au **140**
jour à partir du parfait, parce que l'imparfait repose aussi dans l'origine parfaite et que le parfait ne pourrait ainsi pas être parfait,

1. *Hervorgehe.*

devant en même temps être imparfait en tant que tel. Mais il en va aussi de même inversement.

Ad § 108

Le concept est le *spéculatif* et en lui sont immédiatement uns les moments différenciés logiquement que nous avons analysés dans les paragraphes 14, 15 et 16, la déterminité d'entendement, le moment dialectique et le moment positivement rationnel.

Ce qu'est le concept, et qu'il soit la vérité absolue, est le résultat de ce qui précède, ou encore le cheminement de ce qui précède en est la *preuve*. Il recquiert cette preuve parce qu'il est principalement l'unité des différenciés. Ces différenciés, en tant qu'ils ne sont pas encore *être* et *essence* dans cette unité prouvée, sont ses moments idéels, abstraits, dans lesquels il ne se résout pas de nouveau. Les différenciés cependant, en tant que désormais en lui, sont comme moments du concept, *i. e.* posés comme sa totalité et en même temps selon leur déterminité comme moments.

Le concept doit être résultat ; ce qu'il est doit être prouvé[1] ; ce qui est résultat est alors ce que nous appelons concept.

Le mot « concept » a cependant encore d'autres significations, par exemple : « abstractions », « représentations », etc. Dans les derniers temps, on a saisi sous [le terme] concept tout ce qui relève de l'entendement en tant que déterminé abstraitement et l'on a considéré l'intuition comme plus élevée.

Seul le concept même, comme concept, est le concret, un avec l'Idée.

Ce que nous avons considéré jusqu'à présent, ce sont des déterminations qui se réduisent toutes à leur vérité ultime, au concept.
141 | – Celui-ci devait être prouvé. Il est nécessairement résultat. L'être et l'essence sont ses moments nécessaires.

Ce en quoi ceux-ci sont passés, c'est le concept. Ses moments sont maintenant des différenciés, non cependant comme être et essence, mais comme en relation au moment.

1. Nous lisons : « *es muß bewiesen werden, was er ist* » au lieu de « *er muß beweisen werden, was er ist* ».

Ces moments abstraits, pour autant qu'il en est le résultat, sont antérieurs à lui et constituent sa base[1] et sa présupposition. Mais ils sont bien plutôt [des moments] posés par lui-même, en revanche, pour autant qu'il est réalisé, en effet, [en devenant] pur savoir et pensée et se détermine dans cette idéalité abstraite. C'est pourquoi ces déterminations existent seulement dans la pensée abstraite. Mais, d'une part, quand nous croyons, à cause de la matière sensible, penser tout à fait concrètement, ce n'est alors bien plutôt qu'une représentation concrète que nous avons, et le penser y est abstrait et, d'autre part, exister dans de telles déterminations est la finitude de la nature et de l'esprit.

> La première détermination du savoir pur est l'être pur. Quand nous disons: «la maison est», nous avons ici une matière concrète sensible, mais cette représentation n'est pas un penser concret, parce que le «*est*» s'y trouve seulement abstraitement. Le penser concret n'est rien de sensible. C'est seulement lorsque l'esprit est chez soi, en soi, que le pur penser concret est présent.
> Le soleil est un tout singulier réfléchi en soi, mais seulement en relation avec la nature. L'abstraction seule forme son tout. Le système solaire dans son ensemble existe seulement comme tout vivant.

1. *Grundlage*.

| TROISIÈME PARTIE 143

LA THÉORIE DU CONCEPT

[*Ad*] § 109

La liberté de la Révolution française ne fut rien d'autre qu'un fantôme indéterminé, abstrait. 20 août 1817

[*Ad*] § 110

Parce que le moment est lui-même la totalité du concept[1], aucun changement qualitatif ni [aucune] médiation par un autre ne peut avoir lieu dans le concept, et c'est justement pour cette raison qu'il est en même temps purement comme moment ou comme idéel et, dans le concept simple non encore réalisé, seulement comme tel, non pas comme un *étant*, ainsi qu'on l'a admis à propos des *idées* qu'on appelle *innées* ou dans la représentation des *germes préformés* et dans ce qu'on appelle *l'hypothèse* de l'*emboîtement*[2] concernant les produits organiques, concernant la génération.

1. *Begriff.*

2. *Einschach*[*te*]*llungshypothese.* Cette hypothèse de la préformation ou de l'emboîtement des germes a été formulée en particulier par Jan Swammerdam (1637-1680).

Tout dans le monde n'est que développement[1]. Le cœur de la graine d'un arbre contient déjà le germe de l'arbre entier; l'essentiel, la formation du fruit, des feuilles et des branches [est] déjà contenu dans le germe. Cette formation est le concept; ce n'est pas autre chose qui émerge du germe, mais une seule et même chose. Il en va de même pour le concept. Mes connaissances sont en moi et ne se développent qu'à partir de moi. Le mot « *inné* » est pour cette raison impropre, car ce mot désigne quelque chose de fini. L'idée de l'emboîtement était que ce qui vient au jour doit déjà être contenu dans l'autre, de telle sorte que ce qui est engendré doive déjà être présent dans ce qui engendre en tant que tel, et que ce qui engendre [doive] à son tour [être présent] dans un autre, et ainsi de suite à l'infini, de telle sorte que tous les arbres d'une espèce étaient originellement
144 nellement présents *realiter* dans le premier, | à cela près qu'ils y étaient quantitativement infiniment plus petits.

Cette idée est fausse, car il n'est question ici que de l'être. Toutes les générations futures sont bien contenues selon le concept dans l'originellement premier, mais seulement de manière idéelle, seulement selon le concept.

Ad § 111

Le concept comme il est immédiatement, est formel, c'est-à-dire que ses moments ne sont *posés* que comme déterminations de forme et non pas en même temps selon la liberté autosubsistante du concept tout entier. Dans l'*objet*[2] il a atteint le moment de la totalité simple et de la totale immédiateté autosubsistante pour elle-même. En revanche, dans *l'idée*, il est *pour soi-même* et, en sa suprême vérité, il est comme concept pur pour soi.

Le concept est formel, c'est-à-dire que les moments de celui-ci ne sont pas encore posés comme totalités du concept; face au concept formel, le concept réel est l'objet, c'est-à-dire que l'objet est le concept, mais de telle manière que chaque moment soit lui-même posé comme la totalité allant dans soi du concept. Mais cette réalité

1. *Entwicklung.*
2. *Objekt.*

est simplement unilatérale. Sujet et objet constituent la totalité du concept, l'idée, est le troisième, la vérité absolue.
La philosophie exige une tout autre vérité que la vérité ordinaire.

Ad § 112

I. Les trois formes du concept sont :

le concept

1. dans son universalité ou le *concept comme tel*,

2. dans sa différence déterminée à l'intérieur de lui-même ou dans sa *particularité*, en sorte que les moments ont certes une autosubsistance, mais ne sont pas encore comme singuliers les uns par rapport aux autres ou [comme] objets : le *jugement*,

| 3. dans sa *singularité*, c'est-à-dire dans la différence du jugement et en 145
même temps dans son universalité, laquelle est posée comme l'unité de ses moments particuliers ou du jugement : le *syllogisme*.

Le syllogisme est le rationnel, comme le jugement la copule par la médiation du *est*.
Le concept est l'universalité en soi, par exemple, la lumière. La particularité constitue le moment de la négation.

II. Les moments du concept sont en ce qui concerne la fondation les mêmes que l'apparence dans l'essence, sauf que maintenant cette apparence [est], dans le concept, l'un indivisible, et chaque moment est aussi la totalité et contient en soi les autres.

21 août, pluvieux

L'*universalité* est l'*identité*, mais de telle manière que l'universel contient aussi en soi-même les autres moments, le particulier et le singulier. La *particularité* est la *déterminité* et la *différence*, mais de telle manière qu'il [le particulier] contient en soi le singulier aussi bien que l'unité non troublée, est ainsi le tiers, qui doit être à l'extérieur des opposés. La *singularité* est la réflexion des moments en soi, la forme étant pour soi par laquelle seulement ces moments mêmes sont posés et différenciés, le *fondement* autodéterminant qui toutefois ne fonde rien d'autre, mais est lui-même l'existence. Concevoir quelque chose, cela signifie y différencier ces moments, [déterminer] quelle figure[1] concrète

1. *Gestalt*.

ils ont en lui, ou ce qui constitue ces moments dans sa configuration[1], puis reconnaître que c'est leur unité. Le *concept d'entendement* est la déterminité d'un contenu quelconque maintenu fermement dans son universalité simple seulement abstraite. Ainsi l'entendement se propose-t-il de maintenir fermement l'universalité elle-même, la particularité et la singularité comme de telles déterminations isolées.

146 Dieu dans son universalité est le logique, Dieu dans sa | particularité est la nature, Dieu dans sa singularité est l'esprit. C'est dans cette fermeté que réside le concept. Le système nerveux est l'universel, le système musculaire le particulier, le système reproductif le singulier qui se nourrit lui-même, se reproduit lui-même, qui est son propre agent.

Le concept n'est pas seulement un devoir-être, mais un *est* immédiat.

Ad § 114

Le jugement[2] est

1. le concept qui se rend intelligible, le premier poser abstrait de la négation contenue en lui, ou sa finité. Ainsi apparaissent

a. les moments séparés, l'un en dehors de l'autre, et leur universalité comme une universalité abstraite, c'est-à-dire comme *être.* Ils sont en soi la totalité du concept, mais, parce qu'ils ne sont pas encore *posés* comme celle-ci, leur relation à soi est l'être comme autosubsistance isolée selon l'entendement. C'est donc ici le concept qui se détermine à l'être, lequel a toutefois seulement sa juste signification d'être universalité abstraite. Il n'est que comme moment, avec lequel aussi, en même temps

b. la réflexion est posée, de sorte que le sujet ait un prédicat, ou que les deux sont en *rapport.* Pour les deux côtés du jugement, on dispose à juste titre des *termes* « sujet » et « prédicat » parce qu'ils ne sont pas seulement déterminés l'un par rapport à l'autre comme singulier et universel, mais qu'ils sont aussi l'entière totalité des déterminations *en soi* et que, de ce fait, leur différence même n'est qu'une différence indéterminée et, considérée dans toute son extériorité, seulement une différence quantitative d'un élément plus ou moins particulier. – Mais,

1. *Gestaltung.*
2. *Urteil.*

c. le simple rapport aussi est supprimé. Sujet et prédicat sont rapportés l'un à l'autre par « est », ou plutôt, c'est l'unité du *concept* mais par là aussi la dialectique du jugement qui est posée en lui-même.

28 août 1817. Très beau temps

| Par là est exprimé que le singulier est un universel, que le sujet est 147
le prédicat, par exemple : « la *rose* est *rouge* ». Ainsi nous énonçons par le jugement même la contradiction.

2. Le jugement n'est pas, comme il est habituellement admis, une relation subjective entre deux concepts. Car

a. aucun sujet et aucun prédicat n'est posé dans le jugement comme concept.

b. ce ne sont donc pas deux concepts, mais le jugement en entier n'est que l'être posé d'un seul concept.

c. ses déterminations ne sont pas purement et simplement mises en relation, mais le sont essentiellement d'après la différence que le concept a en soi.

Lorsque je dis : « Dieu est juste », je n'ai encore par là aucun concept ; car ce n'est pas « Dieu » seul, ou « juste », qui constituent le concept, mais seule l'unité des deux est un concept. Le concept n'est pas une détermination simple.
Le jugement est la partition abstraite du monde.
Du fait que quelque chose est un jugement, il n'est pas quelque chose de vrai ; sujet et objet ne sont pas posés tous deux comme identiques, mais seulement l'un comme un universel et l'autre comme un particulier. En chaque proposition réside une non-vérité.
Le « est » appartient à la nature du concept ; il est par là même l'unité et l'identité du concept posée avec soi.
Kant a dit : « Dieu est ce dont l'âme et le corps sont conaturés éternellement ».

Ad § 118

Sujet et prédicat sont *en soi* identiques. Le sujet est le tout en tant que singularité, le prédicat en soi également. il est l'unité de l'universalité et de la particularité, mais cette unité dans la déterminité de l'universalité, qui par conséquent est indifférente à la négativité
| qu'il contient, et à l'égard de la forme du jugement. En raison 148
de cette indifférence, le contenu apparaît comme quelque chose

d'indépendant de cette forme et de donné, quelque chose qui ne fait pas partie du jugement en tant que jugement; mais parce qu'il contient le tout, c'est par rapport à lui que le jugement continue à se déterminer. Les étapes en sont que le contenu du prédicat est

1. une qualité immédiate,
2. une propriété de la réflexion,
3. une détermination du rapport de réflexion absolu,
4. le concept.

Le but de cette détermination de forme est que l'abstraction immédiatement posée du sujet et du prédicat soit supprimée et que l'identité des deux, c'est-à-dire ce qui dans le jugement lui-même apparaît encore comme contenu extérieur, la particularité, soit *posée*, ce qui fait que le jugement est comme *rationnel*, et ainsi comme *syllogisme*.

23 août, très beau temps

Le sujet est en tant que le singulier le concret immédiat. Sujet et prédicat, par la copule, sont posés comme un, comme identiques. Tous les prédicats sont non pas simplement un universel, mais aussi une particularité; par exemple: rouge est opposé à d'autres couleurs, le métal est opposé à d'autres objets. Mais la particularité est déjà quelque chose d'élevé au dessus de la singularité, par exemple, l'espèce[1]. – L'unité des différences de forme est le contenu. Parce que le prédicat est une particularité, il est donc aussi le contenu.

Le sujet est le tout de l'unité [en tant que singularité], le prédicat est le tout de l'unité en tant que particularité.

Le contenu en tant que contenu, par là le logique, est essentiel dans le jugement. – En tant que le jugement poursuit sa détermination, le contenu de celui-ci se détermine en même temps.

Le contenu, comme unité des deux concepts posée dans le jugement, est le syllogisme. Par là, le contenu n'est pas simplement posé comme extérieur, mais effectivement comme intérieur.
149 – Le contenu est une qualité immédiate. | Cet immédiat se supprime et se transforme ainsi en détermination de réflexion; les deuxièmes jugements sont donc les jugements de la réflexion. Le troisième [jugement] est l'action réciproque, le quatrième est le concept. Exemple de contenu : 1. « la rose est rouge », du deuxième cas : 2. « c'est nécessaire », « l'homme est heureux », du troisième, par

1. *Art.*

exemple : « l'or est un métal » (ceci est la substantialité, le genre), du quatrième, quand l'homme peut dire : « cette action est juste, bonne, mauvaise, etc. », c'est alors seulement le jugement à proprement parler.
On parlera plus tard de ces déterminations.
Toutes les propositions qui figurent dans la logique auraient pu aussi être données comme des définitions. Ici cependant le prédicat est toujours le contenu. Dieu n'y est qu'un simple nom. Lorsqu'on dit : « Dieu est le nécessaire », on ne dit rien d'autre de Dieu que le fait qu'il est nécessaire. Avec cela, on n'a pas encore relié tous les autres prédicats. – Dieu est un concret. Chaque prédicat est seulement une particularité et même en tant qu'une [particularité] immédiate sous la forme de la simplicité et justement pour cette raison comme une qualité, non pas comme totalité de la forme. Mais ce n'est que posé dans la totalité que le concept est [une chose] vraie. Le concept du prédicat ne peut donc pas correspondre au sujet comme concret.

Ad § 120 et 121

Dans le jugement immédiat, le sujet, en tant que le singulier et
1. l'immédiat, est l'essentiel et ce-qui-est-au-fondement[1], et partant | la **150**
mesure[2] pour le prédicat, et la détermination ultérieure qui se soumet à ce
jugement passe dans le prédicat.

2. Parce que le jugement est immédiat, le contenu de ce dernier apparaît comme immédiat et donné, car la forme du jugement n'est pas encore posée comme identique avec elle-même, c'est-à-dire n'est pas encore posée comme contenu. Pour cela, ce contenu, pour le prédicat, se dissout face à la forme de celui-ci, [face à] l'universalité ; il faut donc, pour cette raison, considérer le jugement sous ce double aspect.

Le 25 [août], beau temps

C'est au sujet que revient la déterminité face au prédicat, lequel est l'universalité.
Le cours[3] du jugement est de poser le concept de la déterminité. – Le contenu est ici un donné. Du point de vue de sa forme,

1. *Zum-Grunde-liegende.*
2. *Maßstab.*
3. *Verlauf.*

le prédicat est universel, pourtant il n'en a pas moins un contenu particulier, déterminé, comme le *rouge* de la rose. C'est pourquoi il s'agit de considérer le jugement sous un double aspect.

En effet, il faut pour une part le considérer comme relation du sujet à la forme du prédicat, et ensuite comme relation au contenu de celui-ci. Le jugement immédiat est : « le singulier est un universel », soit : « S = U ».

A. D'après la forme :

α. « Le singulier est un universel » : *jugement positif.*

β. « Le singulier n'est cependant pas un universel » : *jugement négatif,* « mais c'est un particulier ». Mais,

γ. « Le singulier n'est pas seulement non plus quelque chose de borné ou de particulier, mais un concret. Le singulier est un » : *jugement positivement infini* ou *jugement identique.*

B. D'après le contenu :

a. « Le singulier est un particulier », son prédicat est une *qualité* quelconque. Mais

b. « Ce n'est pas un particulier » : jugement *négatif,* laquelle négation,
151 | parce qu'elle concerne la particularité comme contenu, semble dépendre de l'objet donné. Mais le contenu est ici le particulier et, qui plus est, déterminé qualitativement, le singulier en tant que concret n'est pas quelque chose de tel, il n'est qu'un universel. Dans le jugement négatif, parce que seule la particularité, par exemple, le rouge, est niée, subsiste encore la sphère universelle, par exemple, la couleur. Mais,

c. « Le singulier n'est pas non plus un universel », de telle sorte qu'ici, donc, en même temps que la particularité, l'universalité est niée et, du coup, le sujet n'a plus rien en commun avec le prédicat : *jugement négativement infini.*

Le singulier n'est plus un jugement, c'est de la tautologie : 1 = 1, ou encore celui-là même rapporté à soi. D'après le contenu du jugement, le singulier est rapport à l'universel, par exemple : « la rose est rouge ». Rose en tant que singulier est ici rapporté à rouge en tant qu'un universel. Dès lors, la rose en tant que concret n'est pas seulement un rouge si particulier, mais elle est aussi quelque chose d'autre. Pour cela, je n'énonce pas par le jugement la vérité, car ce jugement ne pose qu'une négation. – Aucun jugement n'est en soi vrai; il peut être exact[1]; l'identité du prédicat avec le sujet n'est pas présente.

Lorsqu'on dit : « la rose n'est pas *rouge* », on croit qu'en disant cela le prédicat est entièrement nié. En fait, il n'en est rien; car l'universel, la couleur, est demeuré, – donc le « ne... pas » ne nie pas le prédicat dans toute son extension mais seulement une particularité. – Dans le vrai concept, le particulier aussi bien que l'universel doit être posé de même que nié.

Qu'il soit négatif ou encore [positif], le jugement infini n'est pas à proprement parler un jugement, par exemple : « l'esprit n'est pas un
éléphant » ; car ici | ce n'est pas seulement l'éléphant en tant que tel **152**
qui est nié, mais il ne subsiste même plus aucune relation à la sphère universelle; le prédicat se volatilise et plus rien ne subsiste pour la réflexion.

C. La signification objective du jugement de l'être-là est que *quelque chose*, qui doit être ici un sujet, mais n'est pas encore posé comme tel, est déterminé qualitativement, mais se transforme, que par là non seulement sa qualité, mais aussi sa relation immédiate à lui-même s'effondre[2] parce que les deux tombent l'un dans l'autre comme abstractions vides et que le concept s'est supprimé en eux. Cependant cet effondrement[3] est en même temps réflexion du concept en lui-même et le jugement est désormais déterminé de telle manière que le tout ou le contenu est une détermination réfléchie.

26 août, temps pluvieux

Dans ce nouveau jugement, le prédicat, en tant que détermination essentielle, demeure à présent la base, et la détermination de progression suivante du jugement passe au sujet.

Ad § 123

1. Le jugement singulier, par exemple : « cet homme est bienheureux », ou « cette chose est utile » passe immédiatement, du fait du rapport du sujet au prédicat,

2. dans le jugement particulier : « certains hommes sont bienheureux », « certaines choses sont utiles ». Ce jugement positif est immédiatement son

1. *Richtig.*
2. *Zu Grunde geht.*
3. *Untergang.*

propre jugement négatif : « certains hommes ne sont pas heureux », et l'un est aussi exact que l'autre. Partant, le jugement particulier est

a. complètement indéterminé.

> On demande immédiatement : « lesquels sont donc bienheureux ?, etc. » L'extension du singulier à la particularité est

b. aussi une extension *bornée*, ce qui fait qu'elle en côtoie d'autres et s'abaisse à un moment du rapport.

153 | À travers les deux déterminations, la déterminité du sujet est mise au même niveau que celle du prédicat, ce qui donne tout d'abord le jugement identique ou tautologique, par exemple : « certains sont heureux, à savoir ceux qui sont bienheureux », ce qui n'est plus un jugement ou ce par quoi le sujet et [le] prédicat sont appréhendés simplement d'après la particularité abstraite, le premier non pas selon sa singularité, l'autre non pas selon son universalité.

a. Le prédicat, posé suivant son universalité comme déterminité du sujet, est que les singuliers en tant que singuliers, c'est-à-dire extérieurement, ont en eux, l'universalité, la *totalité*[1], l'indéterminité de la particularité, à la fois bornée absolument et absolument étendue par la singularité : l'[universalité] empirique ou l'universalité de la déduction.

> La totalité[2] est l'unité de la singularité et de la particularité, la totalité est l'universalité des singuliers : universalité empirique. Déduire, cela veut dire dériver l'universalité de nombreuses unités.

b. Cependant, elle n'est pas seulement l'universalité extérieure, mais l'universalité réfléchie du prédicat, elle est tout autant posée identique à la singularité du sujet : universalité déterminée *en soi et pour* [*soi*], en soi concrète : le *genre*[3]. Ce qui revient à tous les singuliers leur revient *nécessairement,* c'est-à-dire à eux en tant que *genre* ; telle est la conséquence immédiate qui constitue le passage de l'universalité extérieure à l'universalité intérieure.

27 août, temps pluvieux

> Le singulier se trouve en rapport parce qu'il a un prédicat, ce qui fait qu'il se transforme aussi en particulier dans lequel réside l'autre particularité, exclue, tous les deux constituant la totalité.

1. *Allheit.*
2. *Allheit.*
3. *Gattung.*

Dans l'Un réside le concept des autres, dans les autres ou dans quelques-uns réside le concept de l'universel, du genre.

| *Ad* § 125 154

De même que le jugement de réflexion est le rapport de réflexion dans le concept, de même les jugements de la nécessité, le catégorique, l'hypothétique et le disjonctif sont le rapport absolu de substantialité, causalité et action réciproque en tant qu'ils sont dans le concept.

Le *premier* est : le sujet est son genre ou bien sa nature universelle substantielle, par exemple : « l'or est du métal », « l'homme est raisonnable », etc.

Le *deuxième* est le moment de la négativité absolue du genre, posé dans sa totalité[1] concrète, le sujet comme effectif en identité à un autre sujet, de sorte que son être est l'être d'un autre, et que du coup les deux sont tout autant selon le concept en tant que supprimés. Si A est, alors B est.

Le *troisième* est l'unité des deux, le *genre* en tant même que la *négativité* dans ses particularisations qui s'excluent, et comme la totalité de ces dernières qui apparaissent comme *espèces*[2]. A est ou bien B ou bien C ou bien D. Dès lors, *l'unité du concept* est elle-même un posé, l'universel se rapportant à lui-même, en tant que dans sa différence posée, la particularité. Elle *constitue* à présent le contenu du jugement.

> En ce qui concerne le *premier,* la substance contient certes l'accident, le prédicat est son genre. Cependant, la substance n'y est pas limitée, elle est encore ce qu'elle est. Le sujet en tant qu'un singulier n'est pas ici conforme au prédicat, le genre est indifférent à cette singularité. L'or justement n'est pas encore posé conformément à son prédicat. – *ad.* 2. C'est ici que l'on trouve le rapport de fondement et conséquences, de condition et conditionné, de cause et effet. L'être du fondement n'est pas l'être du fondement, mais bien plutôt de quelque chose d'autre. Ainsi l'être de la cause | est-il 155
> un être d'un effet, etc. Ici est donc posée la nécessité du rapport.
> Le rapport immédiat de cause à effet laisse la cause subsister comme effet.

1. *Totalität* (à distinguer de *Allheit* dont il est question dans le § précédent).
2. *Arten.*

Dans le jugement disjonctif, A est posé comme totalité dans ses [éléments] particuliers, de ce fait il est ou bien B, ou bien C, ou bien D. – L'être de l'un est ici l'être de l'autre.

Ad § 126

Le contenu du prédicat dans le jugement-du-concept[1], le concept *posé* contient l'adéquation d'un sujet à sa nature générale ou à son genre, par exemple, bien, droit, juste, beau, etc. Comme jugement immédiat, il est

1. l'*assertorique*. Puisque l'identité conceptuelle est tout d'abord posée comme contenu de l'intérieur et pas encore dans la différence formelle, alors la correspondance immédiate est dans cette mesure *subjectivement* une *assurance* dont l'opposé vaut aussi bien, ou bien elle est proprement contingente. Le sujet en tant qu'immédiat peut concorder avec son concept ou non. Le jugement est ainsi

2. *problématique*. Le problématique, puisqu'il concerne seulement le sujet, constitue sa *contingence* ou sa constitution[2] *extérieure*, qui est maintenant la raison pour laquelle le sujet concorde avec le concept ou non.

3. jugement *apodictique*.

Lorsqu'on dit « cette action est bonne », « ce tableau est beau », etc., alors ceci est un jugement vrai en premier lieu, parce que celui qui parle ainsi doit avoir en lui le concept de « vrai », « beau », tandis que le jugement « la rose est rouge » n'est pas encore un jugement vrai à proprement parler.

Le jugement-du-concept immédiat est alors l'assertorique, comme : « l'action est bonne », « tout ce qui est tel que cela doit être est bon ».

156 | Ce jugement est une assurance exprimée subjectivement, ainsi il est assertorique.

28 août, temp couvert

Le jugement assertorique a en tout sujet même vérité ; l'entendement subjectif est le garant qui appartient seulement au sujet déterminé, un autre pourrait justement reconnaître le contraire pour vrai. Quand je dis « cette action est bonne », un autre peut affirmer exactement le contraire.

Dans le jugement problématique, qu'un prédicat concorde ou non avec le sujet est seulement encore en question. Le vrai, le bien n'est

1. *Begriffsurteil*.
2. *Beschaffenheit*.

pas problématique, mais il est le concept même. – Le problématique s'applique seulement au sujet, celui-ci peut être ainsi ou autrement. Cette disposition[1] extérieure fait toutefois que quelque chose est ainsi ou non, et ceci est alors le jugement apodictique. « La maison disposée de telle ou telle façon », dans cette disposition repose le fondement de la vérité.

Quand je dis : « cette action est bonne », cela est certes seulement assertorique, mais si dans ce jugement, le fondement est posé en même temps, alors cela est un jugement apodictique.

Par exemple : « la maison n'est pas solide, etc. », ici, c'est la maison qui est l'universel, le prédicat est alors le singulier, donc à proprement parler le sujet, même s'il apparaît ici comme prédicat ; dans chaque jugement, sujet et prédicat sont alors le jugement tout entier.

Ad § 128

La constitution[2] extérieure du sujet est en premier lieu le fondement ou le lien du sujet et du prédicat, parce qu'elle est l'être propre du sujet et en même temps sa réflexion dans autre chose. Ceci est en premier lieu le fondement subjectif ou le fondement de la réflexion. Dans le jugement apodictique cependant, les deux côtés, sujet et prédicat, sont *pour soi* déjà le concept entier posé dans ses moments, et le fondement donc comme tel seulement le côté formel | de la médiation en tant que telle, qui est **157**
accomplie par l'unité réelle du concept : le syllogisme[3].

C'est par le fait que, dans le jugement, sujet et prédicat sont posés comme unité que le jugement devient syllogisme. Le centre du jugement est le *est*, la copule, qui n'est pourtant que le vide. Le concept est l'unité du singulier et de l'universel. Le syllogisme est le rationnel, et tout rationnel n'est rien d'autre que le syllogisme. Le concept est le vivant, le décisif[4] et en même temps ce qui pose l'unité. Dieu est le syllogisme, et tout le rationnel n'est rien d'autre que le syllogisme. Le droit, la vérité, etc., ne sont rien d'autre que des syllogismes. La loi est en premier lieu un pur théorème ; pour qu'elle soit rationnelle, il faudra d'abord démontrer par quoi se crée

1. *Beschaffenheit.*
2. *Beschaffenheit.*
3. *Schluss.*
4. *Das Dirimierende.*

l'harmonie entre le concept et le jugement, par où le syllogisme devient visible.

L'aimant n'est rien d'autre que la représentation naïve du syllogisme. Le pôle nord et le pôle sud s'unissent dans leur point d'union, le syllogisme. – Ainsi, dans la nature n'existent pas d'autres formes que rationnelles, le syllogisme. Dans la chimie, ce sont deux pôles, l'acide et la base, qui se cherchent toujours et tendent vers l'union.

Ad § 130

Le syllogisme d'entendement exprime ceci : à un sujet qui a une détermination, qui possède elle-même à son tour une seconde détermination, correspond aussi cette deuxième détermination. S est P, mais P est U, donc aussi S est U, ou bien : si P est subsumé sous U, mais S est subsumé sous P, alors S est aussi subsumé sous U. Les deux relations ou jugements : S est P
158 et P est U, qui contiennent le *medius terminus* s'appellent les | prémisses, *propositiones praemissae*, et la dernière s'appelle *propositio maior*, qui [contient] l'extrême universel, le prédicat de la conclusion.

Celle qui est mentionnée en premier s'appelle la *propositio minor*, qui contient l'autre extrême, le sujet de la proposition conclusive, qui elle-même signifie S est [P].

29 août 1817. Très beau temps

Un *medius terminus* est la preuve de chaque partie dans le procès, la puissance d'un État, les frontières pour la défense, de bonnes finances, etc. Dans chaque cas, il y a une multitude de moyens termes. On peut donc tirer différentes conclusions au sujet du même objet. Ainsi, il importe, p. ex., eu égard au châtiment de savoir quel moyen terme on entend faire valoir, par exemple, les représailles, l'amélioration, la dissuasion, etc.

C'est aussi la raison de l'antinomie. Si, dans la métaphysique, je prends tel objet comme terme, il s'ensuit tout autre chose, que si je prenais un autre terme ; par exemple, si je prends le moyen terme du monde : « Le monde est maintenant, et le monde est ici », j'ai alors dans le syllogisme le commencement, la spatialité et la fin du monde. Si je prends le moyen terme opposé, j'obtiens le résultat opposé.

Dans le monde il y a du bien et du mal ; si je prends le premier comme moyen terme, j'obtiens alors le résultat de la bonté et de la sagesse d'un Dieu, dans le moyen terme opposé j'obtiens un autre résultat. – Il en va ainsi de même avec la volonté, suivant que j'admets la liberté de la volonté comme moyen terme ou le contraire.

Supposer un corps céleste comme pesant par rapport au soleil comme moyen terme donne le résultat qu'ils [les corps célestes] tombent vers le soleil. Si je fais de leur force centrifuge le moyen terme, la conclusion sera qu'ils s'éloignent du soleil. À chaque supposition d'un tel moyen terme unilatéral, il s'ensuit une partialité et une erreur.

| *Ad* § 133 159

Dans le syllogisme d'entendement, la particularité est tout d'abord le moyen terme qui fait le lien, mais il n'est qu'en soi ou abstraitement l'unité de la singularité et de l'universalité. Ces deux autres moments sont cependant *en soi* aussi chacun l'unité des deux autres et doivent ainsi aussi être le milieu. Cela donne les deux autres *figures* du syllogisme, qui néanmoins vont tout d'abord à l'encontre du schéma S est P, P est U du syllogisme d'entendement et ne permettent des syllogismes corrects du point de vue de son sens que dans la mesure où elles peuvent être réduites à sa forme.

Si l'on disait : « L'or est jaune, l'or est 19 fois plus lourd que l'eau » et si l'on voulait en déduire : « alors tout ce qui est 19 fois plus lourd que l'eau est [jaune] », etc., alors cette proposition serait erronée.

Il se passe la même chose pour la troisième figure, par exemple, « l'or est jaune, le laiton est jaune aussi, donc le laiton est de l'or. »

Mais si je dis : « le cuivre n'est pas jaune » et ensuite : « rien de ce qui est jaune n'est du cuivre », j'ai transformé le prédicat en sujet, ou plutôt, j'ai simplement inversé la prémisse.

La théorie[1] de ces figures fut développée amplement parce que l'on croyait que tout ce qui pouvait être prouvé et connu ne pouvait être prouvé et conçu que par ce syllogisme d'entendement. Dans d'autres logiques cependant, les 2e et 3e figures sont inversées.

Dans le syllogisme, l'être peut être supposé comme universel, et le concept cependant comme le particulier, le concret. Mais aussi inversement. – L'essentiel est pourtant leur unité. Mais ce tiers dans l'identité de

30 août, beau temps

1. *Lehre*.

l'être et de l'essence est le concept. Mais l'être et l'essence sont en soi identiques, c'est pourquoi aussi l'être [est] l'essence comme l'universel, ce qui tient ensemble[1].

160 | Dieu n'est Dieu, que dans la mesure où il se manifeste dans la nature et qu'il fait retour encore à soi.

Dans les § 133 et 134 il est expliqué comment dans chaque partie singulière du syllogisme, l'autre [partie] revient. Le résultat en est alors que l'universel va être enchaîné au particulier grâce au singulier.

C'est alors par le fait que chaque concept parcourt la position de l'autre que la diversité des termes se trouve résolue.

[*Ad*] § 135

Le syllogisme mathématique ne s'occupe que des grandeurs, il fait alors abstraction totalement de la qualité des membres qui est ici une déterminité de concept; pour cette raison, ses relations ne sont donc aussi pas des jugements, son expression habituelle est: deux grandeurs qui sont égales à une troisième sont égales entre elles.

Dans ce syllogisme mathématique, je n'ai à proprement parler qu'un Un qui est égal à lui-même.

Ad § 136

Dans le syllogisme de réflexion ou de l'apparition, le moyen terme, la particularité, est posé, ce qu'il est en soi : comme unité des moments en même temps différenciés, de la singularité et de l'universalité. Mais cette unité est tout d'abord elle-même seulement une unité posée ou extérieure.

1. Le syllogisme de l'universalité, qui s'énonce ainsi: « tous les P sont U, S est P, donc S est U », est considéré comme la forme parfaite du syllogisme d'entendement, parce que le médiatisant, P, n'est plus seulement comme détermination abstraite particulière ou qualité singulière, mais est plutôt posé dans la proposition majeure comme tous les P concrets. C'est pourquoi on ne peut plus conclure unilatéralement de
161 P à un autre prédicat | qui ne s'applique pas au sujet S comme un tout

1. *Zusammenhaltende*.

concret. Pour que la proposition « tous les P singuliers sont U » soit valide, la proposition « S est U » doit déjà auparavant être valide, elle doit constituer la proposition conclusive. Car S est P comme singulier. La proposition majeure présuppose alors la proposition conclusive comme immédiate.

> Si je dis : « toute générosité est une vertu », je ne pose pas pour autant générosité = vertu. Si je dis alors : « A est généreux », je ne peux pas encore lui attribuer la vertu en général, parce que cette propriété se trouve effacée comme vertu par d'autres qualités propres de A. C'est tout à fait différent si je dis : « tous les généreux sont vertueux ».
> Si je dis : « Tous les hommes sont mortels, Caius est un homme, donc il est mortel », alors la mortalité doit s'appliquer à Caius sans que j'aie conclu : « donc Caius est mortel ».
> La majeure dans ces syllogismes présuppose déjà la conclusion.

Ce syllogisme contient donc proprement qu'un universel est enchaîné par les singuliers dans leur complétude avec un prédicat et présuppose

2. le syllogisme empirique, le *syllogisme de l'induction*. F, G, I, K, etc. à l'infini ont une détermination P, et ils constituent ensemble l'espèce ou le genre U. P s'applique ainsi à U. L'induction ne peut cependant pas être complète ; car les singuliers vont à l'infini parce qu'ils doivent être en tant que singuliers immédiats en même temps des universels. Elle repose donc

3. sur le syllogisme de l'analogie.

Le 1er septembre 1817. Très beau temps

Le syllogisme de l'analogie, c'est en effet quand des singuliers ont un prédicat qui s'applique pareillement aux autres ayant la même propriété ou constitution[1] que celles-là ; la propriété ou la constitution est plutôt | ce qui 162
fait que les singuliers sont des particuliers et différents les uns des autres. Comme la médiation doit reposer dans leur singularité, c'est ce en quoi ils sont identiques, ainsi leur particularité est plutôt supprimée réciproquement et leur singularité même est posée comme universalité, et par là l'unité concrète en soi, le genre[2]. Le syllogisme de l'analogie repose alors sur le fait que le singulier a nécessairement la propriété ou la particularité qui s'applique à un genre, sur le syllogisme catégorique, le syllogisme de la nécessité.

1. *Beschaffenheit.* Nous avons traduit dans un autre contexte *Beschaffenheit* par « disposition extérieure ».

2. *Gattung.*

Pour trouver une loi, une vérité, on n'a finalement pas besoin de connaître tous les cas, parce que dans le singulier est contenu le tout. C'est pourquoi on doit seulement saisir et reconnaître correctement ce singulier, ainsi on a déjà reconnu la vérité ou la loi en même temps pour tous les cas.

Voici un exemple de syllogisme de l'analogie: « la Terre a des habitants; la lune, le soleil, les astres, etc. sont des corps de même espèce; donc ils ont aussi des habitants. » – Ce syllogisme est pourtant très mauvais, car le particulier ne procède pas encore de l'universalité ainsi exprimée.

Ad § 137

Le sens du § est que le passage du syllogisme de réflexion au syllogisme de la nécessité se présente de manière à ce que le moyen terme soit la médiation apparente, parce que singularité et universalité ne sont reliées en elle qu'extérieurement. Mais les extrêmes sont les moments du concept posés comme *immédiats*. Puisque ceux-là sont posés eux-mêmes les uns après les autres dans la détermination de ce [moyen terme], c'est-à-dire dans les 3 syllogismes de la réflexion, ainsi se montre ici *la médiation comme identique à l'immédiateté*.

Ce syllogisme est de manière plus déterminée le *devoir être* de la médiation par opposition à l'immédiateté; *en soi* le moyen terme est les deux. Mais puisqu'il l'est seulement en soi, alors la proposition conclusive de chacun des syllogismes de réflexion exprime qu'elle est en même temps
163 une | proposition immédiate et que sa médiation par le syllogisme n'en est aussi bien pas une, dans la mesure où elle est médiatisante. La médiation se détermine à travers cela comme reposant sur une immédiateté qui est elle-même médiation en tant que telle, c'est-à-dire [celle] *de l'unité concrète du genre*.

La proposition conclusive : « donc la lune a des habitants » du syllogisme ci-dessus est plutôt une proposition propre fermée sur elle-même comme chaque prémisse pour elle-même.

Ad § 138a[1]

Les syllogismes de la nécessité sont les syllogismes d'entendement corrects et ne sont encore des syllogismes d'entendement ou unilatéraux que dans la mesure où ils sont pris isolément pour soi ainsi que dans un sens seulement subjectif. 2 septembre, beau temps

1. Dans le syllogisme immédiat de la nécessité, dans le catégorique, le singulier est médiatisé par une propriété à travers le genre. Mais la particularité n'a pas seulement le sens qualitatif d'une propriété et le syllogisme seulement le sens universel que dans le genre.

a. le singulier est en tant que soi se rapportant à soi et en tant que déterminé en et pour soi et

b. de même le différencié de sa déterminité ainsi qu'un particulier réduit d'un universel du genre.

> Le genre comme genre demeure l'universel, mais, par rapport au singulier, il devient du particulier; par exemple, si nous prenons l'animal, il n'existe pas en tant qu'abstrait mais seulement comme singulier. C'est dans le singulier que [le genre] a son être-là, son existence. Le singulier est alors genre et en tant que tel aussi singulier immédiat.

2. Le syllogisme hypothétique signifie d'abord: « Si A est, alors B est. A est, donc B est. » La particularité vers laquelle la singularité | est déter- **164**
minée par le genre est en elle-même l'universelle, selon laquelle le singulier comme particulier est aussi bien l'être d'un autre, que cette médiation se supprime et est réflexion de soi-même autant que de l'autre en soi et effectivité immédiate.

3. La médiation, posée suivant cette totalité, donne le sujet autant comme substance universelle ou genre que comme totalité de sa particularité et comme singularité exclusive ou effectivité. Ceci est représenté par le *syllogisme disjonctif:* « A est ou bien B ou bien C. A est B, donc A n'est pas C » ou « A n'est pas B, donc il est C. »

1. Dans l'édition originale de l'*Encyclopédie* deux paragraphes se trouvent désignés par le numéro 138, suivis naturellement du § 139. Pour les *Leçons*, Hegel les différencie comme 138a et 138b. Cela lui évite en l'occurrence de corriger ensuite toute la numérotation des paragraphes suivants et lui permet de conserver la correspondance avec le texte sur lequel s'appuient ces leçons. Ce même type d'erreur s'était déjà produit pour la numérotation du § 132, répétée également, sans que cela ait eu la moindre incidence pour les leçons.

C'est A qui est sujet dans l'ensemble des trois jugements et sa singularité exclusive y est aussi bien supprimée que son universalité, son *aussi-bien-que*, est posée comme il est aussi complètement indifférent [de savoir] laquelle des déterminations particulières est posée en lui et laquelle est exclue.

Ad § 138 b

Les trois figures du syllogisme : S = P = U, U = S = P et P = U = S, sous lesquelles se tiennent les trois classes de syllogisme, le syllogisme de l'être-là, de la réflexion et de la nécessité, et en outre les trois syllogismes particuliers de chacune d'entre elles, impliquent :

1. que chaque terme singulier ou moment du concept devienne le milieu[1] médiatisant et

2. dans chaque figure, une des deux prémisses immédiates soit médiatisée avec l'autre ; grâce à toutes les trois figures la détermination est donc complète mais c'est bien à cause de cela que chaque figure singulière *présuppose* les autres médiations et par là aussi elle-même comme supprimée.

3. Chacun des syllogismes particuliers exprime le concept dans une de ses déterminités, et chaque moment du concept est par là comme un syllogisme entier. Le concept est ainsi réalisé complètement comme un cercle de la médiation, explicitement comme la triade des syllogismes, dont
165 | chacun est la triade des déterminations du concept. Dans leur véritable déterminité, ce sont les syllogismes de la nécessité, et le rationnel en tant que tel, est, dans sa totalité développée effective, cette triade de syllogismes.

3 septembre 1817, très beau temps

« Dieu est ce dont le concept enveloppe son être » disent Descartes et Spinoza. L'intuition immédiate, le savoir immédiat est ce qu'ils appelaient la foi.

1. *Mitte*.

Ad § 140

[1.] Le concept *se développe*[1] vers l'objectivité; il est cette identité inséparable de manière à ce que ses moments restent dans leur différence le concept tout entier. L'objet est alors le concept dans sa différence ou son *être-posé*. Le concept est alors en tant qu'objet l'unité simple avec soi par le fait que chacun des moments est posé comme la totalité tel qu'il est en soi. Mais ceci est aussi son être-posé, c'est-à-dire sa déterminité ou son être-autre, parce que cette unité est en soi *dépourvue d'opposition*[2]. Le concept est ainsi *passé* dans l'objet et perdu en lui; il est en cela seulement réel, non pas idéel. Son développement a cet aspect du *passer*[3], parce qu'il est tout d'abord seulement comme immédiat ou parce qu'il n'est pas encore proprement déterminé comme *subjectif*. C'est seulement dans l'idée qu'il est l'unité *libre* avec soi existant pour soi face à l'objet, qui se détermine à l'objectivité mais en tant qu'idéelle et qui y est pour soi.

2. Parce que l'objectivité a tout simplement pour sa substance le concept, l'être-là[4] ultérieur de l'objet est ainsi dans la détermination du concept et de sa forme, et l'objet lui-même est la *présentation*[5] *immédiate* et par là l'étape de *l'apparition* du concept, de même que l'existence n'est que l'*apparition* de l'*essence*. C'est donc un point de vue de considération plus élevé de saisir le monde comme objectif plutôt que comme un monde de l'existence ou de l'apparition. L'apparition objective a trois figures. Elle est

| a) [l'apparition] immédiate, l'extériorité du concept envers lui-même **166**
dont les différences sont immédiatement la totalité et indifférentes envers la relation ou elles-mêmes des *objets*, c'est le *mécanisme*.

b) L'indifférence du mécanisme passe dans la différence des objets, de telle manière que c'est la négation propre et la déterminité qui constitue leur particularité et la relation entre eux, *chimisme*.

c) Cette négativité est cependant essentiellement unité se rapportant à elle-même à l'égard de son immédiateté. Ainsi est-elle alors la façon libre du concept d'exister pour soi, qui est ici déterminée comme fin, *téléologie*.

1. *Sich entwickelt.*
2. *Gegensatzlos.*
3. *Übergehens.*
4. *Dasein.*
5. *Darstellung.*

Ad § 141

4 septembre 1817. Beau temps

Comme il résulte du concept d'objectivité, celle-ci a immédiatement deux significations opposées.

1. Objectif désigne l'être-en-soi-et-pour-soi en général, comme, par exemple, l'objectivité de la loi, d'une œuvre d'art, c'est-à-dire ce qui immédiatement est tout simplement l'universel lui-même, le concept comme la *chose*[1] dépourvue de contingence, non pas seulement une existence qui n'est conforme au *concept* qu'en tant que conforme à une fin. Le subjectif est comme un opposé qui, pris dans la différence formelle, appartient au hasard, à l'aléatoire et à l'être-là extérieur.

2. Mais comme l'objectif est le concept en tant qu'il est devenu *l'immédiat*, alors il est aussi bien l'extérieur, le dépourvu de soi, le fini, ainsi le monde objectif, l'objet face à la conscience libre de soi. Le subjectif est, au contraire, l'infini, le nécessaire et libre en soi. L'objet est la contradiction immédiate d'avoir ces deux significations en lui, car le concept en tant qu'objectif *en soi* n'est pas encore *posé* [comme] identique à l'objec-
167 tivité en tant que | l'*extériorité* ou *l'être-posé* par la négativité des deux.

Ici, l'objectif signifie l'immédiat, [le] rationnel en-et-pour-soi. On parle ainsi de lois objectives parce qu'elles sont le concept même, et non pas uniquement quelque chose de subjectif. L'œuvre d'art véritable est objective, ce qui en est le subjectif, *i. e.* ce qui exprime la manière de l'artiste, son humeur, etc., c'est le mauvais, l'insignifiant. – Quand je fais de moi-même un objet, alors je fais de moi un [être] dépourvu de soi, un [être] totalement non libre, comme je fais de quelqu'un un esclave quand je le considère comme un pur objet.

Le 4 septembre soir de 5 à 7

Ad § 142

[1.] Le mécanisme formel concerne les objets relatifs, et dans le monde mécanique toute détermination est seulement relative, posée par un autre objet et ainsi à l'infini.

1. *Sache*.

De même que, par exemple, d'après le point de vue mécanique de la vie, la circulation du sang, la digestion, etc., sont des résultats d'éléments séparés d'un composé et de la composition d'éléments isolés, par suite de pressions, impulsions, pompes et autres, de même, une psychologie mécanique se fonde sur le rapport des impressions et des influences et explique ainsi les fonctions de l'esprit et le caractère déterminé. Expliquer quelque chose de cette manière et le rendre intelligible signifie le rapporter aux formes supposées du mécanisme.

> Dans la nature, les systèmes tombent tous les uns hors des autres;
> les mouvements des sphères reposent sur le mécanisme de la nature.
> *Descartes* a considéré le monde comme un mécanisme, il disait:
> « Donnez-moi de la matière et du mouvement, et je vais vous créer
> le monde. » – Dans le mécanisme, tout repose sur des conditions.
> Ainsi, la sensation dans le doigt repose-t-elle sur la condition de
> | l'éloignement du doigt par rapport au cerveau, etc. Le mécanique **168**
> est un composé, par exemple, le sang est un composé. C'est de là
> que viennent les représentations des médecins actuels, [à savoir]
> que l'on devrait séparer les fluides lors de la corruption du sang,
> retenir les bons, éliminer les mauvais, etc.
>
> On se faisait aussi du cerveau une telle représentation mécanique. Croyant qu'il se composait d'une infinité de petites billes, on supposait que l'effet[1] de l'âme [sur le corps] dépendait d'une mise en mouvement de ces billes, jusqu'à ce que la dernière touche l'âme elle-même. On se représentait ainsi la tension des nerfs et on en déduisait les fonctions de l'âme.

2. Tout d'abord, l'objet est absolument ou un; mais il est déterminé essentiellement de façon indéterminée aussi bien comme un et singulier qu'il est déterminé comme plusieurs[2] et particuliers[3] les uns à l'égard des autres. Leur rapport est alors

a. leur indifférence absolue par rapport à la différence[4] ou l'universalité indifférenciée et

b. aussi bien l'indifférence absolue de sa différence à l'égard de son unité et sa réflexion comme singulier dans soi, le *poser* de ce rapport qui est le sien. Le *processus mécanique* contient donc

1. *Wirkung.*
2. *Mehrere.*
3. *Partikuläre.*
4. *Unterschied.*

α. la communication immédiatement pénétrante d'une déterminité et

β. l'indifférence demeurant en elle-même de l'objet et la conservation de son autosubsistance dans le devenir-déterminé.

Les hommes ne sont raisonnables que par la médiation de leur universalité.

Cette contradiction des objets en eux-mêmes est la violence qu'ils subissent. Elle est la négativité propre à leur nature ; car elle est leur concept déterminé. Ce concept se partage[1] alors selon ses déterminations dans l'extrême de la *subjectivité* en tant que centralité et dans l'extrême de l'universalité dépourvue de soi et | de la

5 septembre 1817. Beau temps

169 décomposition en une multitude non-autosubsistante[2]. – Les deux moments sont alors posés dans leur unité en même temps comme identiques.

Ad § 147

Les différences dans le mécanisme absolu sont dans l'objectivité pure en soi identique, comme le sont par exemple, la pesanteur ou la raison. Elles sont pour cela idéelles, et les objets restent comme particuliers en repos sans opposition dans l'universel. Cependant, cette objectivité universelle est leur concept, contre laquelle les objets eux-mêmes n'affirment pas de diversité propre, autosubsistante, mais leur particularité appartient à leur détermination conceptuelle et leur est ainsi immanente. Elle a comme particularité objective, immédiate une négation qualitative et opposition et [elle] est encore en tant que particulier[3], mais concernant l'objet, la totalité du concept, identique à lui, la contradiction *posée* et l'*activité,* le *chimisme.*

Ad § 148

L'activité chimique est conditionnée selon son existence, parce que l'objet, qui est en lui-même la totalité du concept, comme un différent, par exemple, comme un acide ou, dans l'organique, comme un des deux sexes, ne contient dans son existence qu'*un seul moment* de l'opposition et de la

1. *Dirimiert.*
2. *Unselbstständig.*
3. *Partikuläres.*

détermination, mais en tant que neutre, comme par exemple, l'eau ou le sel, et comme indifférent, comme par exemple, le métal, est plutôt la différence[1] supprimée non posée ou l'absence de déterminité. Du fait de cette particularité et de ce conditionnement, l'activité chimique a une présupposition et passe pour soi dans l'extinction[2] sans pouvoir se raviver[3] à nouveau elle-même.

5 septembre soir de 6 à 7

Le chimisme est immédiatement processus. – Les extrêmes chimiques sont tendus entre eux puisqu'à proprement parler, le concept tout entier est compris dans chacun d'eux, ce par quoi ils se rapportent l'un à l'autre comme des forces spirituelles; par exemple un acide très concentré tend vers la base et cherche | ainsi à s'intégrer et doit donc 170
être confiné pour qu'il ne cherche pas son opposé.

Ad § 150

Un exemple d'acide nitrique ou d'eau régale et d'alcali caustique, c'est-à-dire la soude.

Ad § 152

6 septembre. Très beau temps, chaud [...] peu [...]

Les moments chimiques, l'indifférent, le différent et le neutre, sont

1. des présupposés ou des immédiats dans le processus. Mais

2. ils sont également des produits ou des médiatisés; la cessation de l'activité dans les produits est donc le poser d'une *déterminité* ou d'un différent en soi qui s'oppose donc aux processus. Les conditions indifférentes et neutres sont elles-mêmes de cette nature; elles sont seulement des moments singuliers du tout, qui est donc un cycle du processus, le chimisme absolu qui est dans la nature le processus météorologique.

1. *Differenz.*
2. *Erlöschen.*
3. *Anfachen.*

Par l'opposition, l'indifférent entre en tension[1], comme la terre, ce qui donne naissance à un tiers, par exemple, le[s] nuage[s] qui, par relâchement, vont retourner à la terre et l'humidifier. Il en va de même des sexes où de la tension naît un tiers, etc. Il en va de même également pour les peuples. Ici aussi le processus se montre très visible.

Dans le spirituel, il ne faut pas considérer seulement ce processus chimique; il n'est aucunement ce qu'il y a d'ultime et de suprême, mais quelque chose de plus élevé se trouve à son fondement
171 – la | *fin*[2]. Par exemple, le rapport des peuples entre eux et leurs points de friction et d'entente dans la guerre et la paix ne doit pas être considéré nécessairement comme quelque chose d'extérieur, comme chimisme, mais il faut en même temps considérer ce qui réside plus profondément, par exemple la fin et par suite ce rapport qu'est l'idée[3].

Ad § 154[4]

Le *produit* du mécanisme et du chimisme en général est *autre chose* que le *commencement du processus*. La nécessité mécanique, à laquelle appartient aussi le chimisme, et le hasard aveugle ont ici la valeur de synonymes, mais le mécanisme absolu et le chimisme absolu sont une totalité de la configuration et du retour dans soi, parce qu'ils sont les libres présentations de leur concept. Seulement, ses moments ne sont pas réfléchis dans un sujet. Il leur manque ce retour *simplement identique* à soi. Aussi le mécanisme fini et le chimisme ont leur résultat et leur produit dans leur aboutissement. Seulement dans celui-ci le concept est seulement comme un intérieur ou un étant en soi; ce qui est présent, c'est un cercle de conditions extérieures les unes aux autres et de circonstances; le résultat concret n'est pas présent *pour soi* comme l'unité d'un tout. La fin est cependant l'être-là du concept comme subjectif qui a aussi l'objectivité en lui, de sorte que le résultat est *posé* comme fondement de l'activité et que le retour du concept est *posé* dans le produit en soi-même.

1. *Spannung*.
2. *Zweck* : la fin comme but.
3. *Idee*.
4. Le commentaire est référé au § 154 et placé avant le commentaire du § 153 sans qu'il soit possible de déterminer si cela est intentionnel. Il ne se rapporte pas directement au § 154 de l'*Encyclopédie* de 1817.

La fin[1] met au jour quelque chose, mais le produit est ce qu'est la fin elle-même. Le mécanisme met lui aussi au jour quelque chose, non pas comme fin cependant, [mais seulement] comme hasard aveugle; son commencement n'est | pas le commencement et le 172
fondement de cette activité, par exemple quand la pierre, tombant du toit, assomme quelqu'un. – Il en va autrement avec le chimisme. L'acide est en soi acide et alcali. Seulement le tout n'est pas encore là au préalable, mais plutôt ce qui est là l'est seulement comme l'un [des éléments]. Dans le mouvement des corps célestes, le terme[2] est toujours le commencement, de même dans les corps météorologiques. La finité consiste en ce que chaque singulier ne contient qu'un moment du tout ou qu'une activité déterminée n'est qu'une partie du tout.

Ce qui est extérieur n'est pas un concret, mais seulement un jeté-l'un-hors-de-l'autre[3]. Le concept est tout d'abord indifférent. La fin est aussi concept, mais posée comme un subjectif, ce qu'elle ne doit pas être; son objet reste un idéel.

La réalité[4] ne signifie plus du tout un abstrait, un universel, mais un étant là.

Ad § 153

8 septembre. Très beau temps

La fin est le *concept* qui est déterminé à partir de l'extériorité objective et par rapport à elle, donc comme *subjectif* et *étant là*, mais dans lequel l'objectivité est aussi supprimée ou *idéelle*, c'est pourquoi elle est déterminée comme subjectivité *libre* et *étant pour soi*.

La fin est

1. l'*universel*, ce qui est en soi subjectif tout autant qu'objectif et indifférent par rapport à cette différence, se conservant totalement dans les deux déterminations, le contenu. Cette universalité est particulière : la différence de la forme à l'égard du contenu, et comme simple particularité posée : la détermination du contenu.

1. *Zweck*.
2. *Ende*, la fin comme terme par opposition au commencement.
3. *Außereinandergeworfenes*.
4. *Realität*.

173 2. Mais la particularité est aussi le jugement, qui n'a pourtant| plus à ses côtés les déterminations conceptuelles abstraites, mais la totalité, d'un côté la *subjective*, toute la fin dans une unité, de l'autre l'objectivité, le concept dans son extériorité.

3. Le moment de la singularité est en partie le déterminant et le disjonctif, en partie ce qui lie la subjectivité et l'objectivité, et cela tout d'abord selon le *rapport* comme finalité extérieure. Dans le *contenu universel*, déterminée dans la subjectivité, elle est également réfléchie en elle-même, ce qui fait que le moment de l'autodétermination est en lui. Ainsi est-il fin, *l'immobile*, mais *moteur*, qui s'abaisse au particulier parce que son être déterminé est d'abord seulement abstrait et non pas comme totalité objective. Ainsi la fin est comme *être-là subjectif* qui contredit son concept d'être l'identité du subjectif et de l'objectif, et donc

a. le devoir-être, l'universel muni d'une borne[1], laquelle en tant qu'en soi n'est nullement déterminée,

b. l'activité, de se poser tel qu'elle est en et pour soi, ce qui fait également de la subjectivité un *idéel*, comme l'objectivité est idéelle en elle. Par là,

4. le double est présent dans l'un :

a. Par l'activité, la subjectivité est supprimée, la fin est réalisée, accomplie et ainsi objective.

b. L'objectivité se trouve ainsi posée. Elle reste alors également un idéel, c'est-à-dire : la subjectivité est dans son propre être-supprimé en même temps retournée en soi et conservée. Le contenu de la fin objectivée est ainsi un et le même dans le résultat, dans l'activité, dans le commencement ou comme fin subjective.

Le concept en tant que tel n'a d'être-là que par la fin, c'est-à-dire qu'il est par là libre de la subjectivité, mais il est en même temps face à elle.

C'est par la fin que le concept obtient un contenu particulier.

Parce que la fin en tant que telle, comme simplement identique à soi,
174 | est imparfaite, un abstrait, elle doit s'objectiver elle-même. Il est contradictoire pour le concept de demeurer fin.

8 [septembre] p. 6 à 7

De là, le devoir être catégorique qui est immédiatement activité – comme le supprimer du subjectif.

La fin passe par là dans l'objectif, et ainsi se fait l'être-posé selon le concept. La fin est le concept étant pour soi.

1. *Schranke.*

Comme la subjectivité est supprimée à travers lui et passe dans son contraire, de la même manière, l'objectivité est idéelle, posée. Ici se montre la double apparence du subjectif et de l'objectif. L'activité est une forme qui se nie elle-même, d'où l'unité du subjectif et de l'objectif.

La fin est seulement formelle, cela signifie qu'elle est seulement par mon autodétermination.

Quand nous disons « le monde est ordonné selon des fins », alors nous entendons par là : le monde de l'extérieur correspond à l'entendement réfléchissant interne, et ainsi la finalité fut déterminée totalement par le dualisme que l'on supposait ici. Cela se produisit aussi de la même façon avec d'autres déterminations de la finalité, par exemple, [à propos] de Dieu. Le stoïcisme et l'épicurisme se fondent sur ce dualisme.

La détermination de fin est aussi ce qui donnait aux matérialistes et naturalistes français la matière de [leurs] recherches philosophiques et de [leurs] systèmes. La fin est donc, comme nous l'avons dit, un concept de l'entendement et en même temps la limite[1] de la raison.

Le concept de fin est certes opposé au dualisme.

Kant [nous] conduisit admirablement vers un retour à l'observation de la nature selon sa finalité interne et tira ainsi la finalité commune de l'utilité vers quelque chose de plus élevé – dans la mesure où l'on reliait toujours une fin à une autre et on en concluait ainsi au suprême.

La singularité est la clôture[2] universelle en soi.

Le contenu en tant qu'opposé à la forme est lui-même encore forme. [La] fin est contenu, dans ma fin est l'autodétermination. | Par là **175**
la fin devient cependant nécessairement un unilatéral. – La fin en tant que l'immobile se tient face au particulier et donc est elle-même un particulier.

1. *Grenze.*
2. *Geschlossenheit.*

Ad § 158

Le 9 septembre, très beau temps

De même que la fin, en tant qu'unité universelle et négative dans laquelle l'objet est idéel et seulement moment, domine[1] immédiatement celui-ci, de même sont-ils absolument différents. Il faut donc à leur unification une médiation, un tiers, dans quoi ils seraient identiques, et ainsi à l'infini, une nouvelle insertion entre la fin subjective et l'objet qui doit devenir son moyen. Cette seconde relation constitue dans la conclusion téléologique tout entière la seconde prémisse dans laquelle le mécanisme et le chimisme ont leur déterminité, qui leur est extérieure, par rapport à la fin.

La fin en tant que le concept se rapportant uniquement à soi est lacunaire parce qu'elle est seulement subjective et se pose par là seulement comme subjective. – Par là son autre se trouve nié et voilà sa ruse[2]; elle sacrifie ses moyens et se rapporte en retour à elle-même. Sa subjectivité est sa borne, sa négation, et par là aussi sa véritable objectivité.

Dans l'objet, la fin est bien posée, par exemple, dans le mécanisme. Mais l'objet est aussi indifférent par rapport à toute fin.

Des fins qui se réalisent elles-mêmes sont donc toujours finies selon leur contenu.

Ad § 160

À propos de la finalité extérieure ou finie, eu égard au rapport du moyen
176 – qui est lui-même un objet – | à l'objet extérieur, le mécanisme est pris comme rapport de deux objets totalement autonomes; mais ce rapport n'a plus de vérité, l'objet en soi est idéel, et par rapport au concept, qui est son essence, il est seulement objet dans le sens d'un manque de soi extérieur ou d'une apparence – ou bien la négation de celui-ci par la fin n'est pas sa première, mais sa deuxième négation, ce par quoi son idéalité ne devient plus que *pour soi*. On pose ainsi l'infini retour en soi-même et une médiation qui est elle-même l'être-identique immédiat de la fin dans l'objet, qui était abstraitement dans la première prémisse de la prise de possession immédiate.

Le 9 septembre, très beau temps, p. 6-7

1. *Bemächtigt.*
2. *List.*

Quand on dit « l'idée est ceci et cela », on parle improprement, car on ne peut en fait pas dire : « l'idée *est* », car c'est déjà parler unilatéralement. L'idée est l'en-et-pour-soi, le vrai, la vérité non pas dans le sens habituel mais dans le sens philosophique, le vrai en-et-pour-soi, le divin, l'unité en-et-pour-soi, pas seulement la vérité par comparaison.

Ce que l'on observe et dont on dit : « il est », doit effectivement être l'idée.

Quand nous parlons de « l'être des choses »[1] qui ne sont qu'un côté du concept et seulement passagères, éphémères, alors nous parlons improprement. Nous pouvons seulement dire des choses dans cette perspective : « elles deviennent », mais non pas : « elles sont ».

Quand on dit : « cette constitution d'État est mauvaise », alors le mauvais dans l'État est passager, – ce qui n'est pas. Mais il n'y a aucun État qui n'ait pas effectivement quelque chose qui corresponde à l'idée, même si ce n'est que d'une manière incomplète, purement abstraite. Ainsi, chaque État représente bien l'idée et est ainsi effectif[2].

L'idée n'est pas dehors, elle est dedans. On ne peut pas dire :
« L'idée d'une chose est à l'extérieur, ceci, le *est* de la | chose, est un 177
extérieur », mais plutôt : « Ceci est seulement dans la chose, la chose même. » Quand on dit : « La chose n'est pas dans l'effectivité, elle n'est qu'une idée », alors on parle très faussement ; car l'idée n'est pas un pur abstrait, mais seulement un effectif, l'effectivité même. Ce qui n'est pas effectif appartient à la caducité, est passager et donc du néant, non pas l'idée. – L'idée est éternelle. Ce qui est alors effectivement dans les choses, c'est le vrai, c'est l'idée ; ce qui est passager, une simple apparence en elles, c'est le néant, non pas l'idée. – Le fini et l'infini sont de simples abstractions ; l'idée est leur unité, leur essence.

On peut comprendre le concept comme quelque chose d'abstrait ; la chose au contraire, comme quelque chose d'existant effectivement, singulièrement, concrètement. – L'idée constituerait ici aussi l'unité des deux.

L'idée n'est pas [quelque chose de] fixe, elle est le cours [des choses][3], la vie, elle aspire à s'abaisser dans le particulier. Elle

1. *Dinge*.
2. *Wirklich*.
3. *Verlauf*.

passe éternellement. Les choses ne sont pas, elles deviennent plutôt. Elles sont le phénix, qui se consume lui-même, et la pointe de la flamme, c'est le subjectif. Que les choses viennent au jour uniquement par la mort, c'est le moment oriental, dans le [moment] occidental, au contraire, l'activité est le principe dominant et c'est par elle que l'existence vient sans cesse au jour à nouveau. La connaissance a l'idée pour but, c'est une aspiration pure.

10 [septembre], très beau

Quand on dit à propos de l'idée : « elle est », on dit alors d'elle : « elle est vivante ». L'idée est pourtant totalité absolue.

Ad § 164

Que l'idée soit tout d'abord *immédiate* ou étant et de cette manière vivante, telle est dans un premier temps notre réflexion. Cette immédiateté n'est pas comme une détermination posée par l'idée ; elle l'est de telle
178 manière, dans l'idée, que sa subjectivité comme | activité se rapporte à l'objectivité comme à un différencié, mais supprime ainsi plutôt sa propre déterminité, [est] en soi identique à l'autre ou plutôt, comme activité se rapportant à soi, elle est la dialectique de l'objectif en lui-même, ce par quoi l'activité allant vers l'extérieur et la médiation se suppriment, et donc elle se pose comme unité immédiate. L'immédiateté de la vie fait que

1. l'idée est seulement pour nous, et non pas *idée pour soi*,

2. son objectivité ou immédiateté est l'apparition de l'objectivité extérieure du mécanisme, chimisme, et de la finalité extérieure dont l'unité négative et la puissance interne immanente est la subjectivité de la vie, qui n'est pas encore ici comme beauté.

La figure[1] véritable de l'idée est l'idée même. Ici, la connaissance absolue, le savoir divin est l'idée même. Elle ne se présente de ce point de vue plus simplement comme déterminée, par exemple, comme chimisme, etc., mais plutôt comme un absolu, un indéterminé.

Nous appelons corps[2] l'objectivité dans le vivant, l'âme est le concept du vivant, l'universalité du corps. Par la médiation de l'âme, les singularités du corps sont dissoutes dans une grande

1. *Gestalt.*
2. *Leib.*

unité. – Chaque feuille, chaque tronc, bourgeon, etc., est en soi un tout, et l'un n'est que fondement[1] de l'autre. La plante a véritablement des parties, l'animal n'en a pas.

La totalité est le concept. La reproduction est toute la particularité. Certains animaux sont pure reproduction. La sensibilité est l'unité pour soi.

L'âme est plus spéculative que la représentation commune. Ce qu'est l'âme peut uniquement être expliqué et connu par la spéculation. L'émergence[2], l'évolution, cette pointe du devenir à partir du subjectif, c'est la vie.

La vie existe seulement comme [un] vivant. Le vivant est aussi une triade de syllogismes, qui ne possèdent plus cependant le nom | de **179**
syllogismes, mais s'appellent processus. Dans l'idée, les syllogismes ne sont plus un simple comportement inerte des moments les uns à l'égard des autres.

Le premier processus est le formel, inclus dans l'individu.

La deuxième est le réel dans le rapport de l'individu aux autres.

Le 11 septembre 1817

La vie est la singularité véritable. La vie est l'unité véritable du pouls. – Ceci est un processus constant. – Les parties de celui-ci ne sont que passagères. – Ces parties du vivant ne sont pas autosubsistantes, et donc appartiennent à la mort.

Un membre organique se nourrit d'un autre et détruit ainsi le tout. Tout est ici moyen et fin du tout.

Quand l'individu vivant est malade, alors quelque chose se consume en lui, il est devenu un isolé.

Le vivant est un articulé. La partie pour soi est morte dans l'organisme ; par exemple, la partie du corps – le doigt, la main, etc., il en va autrement pour l'inorganique.

L'âme n'est autre chose que le concept, le corps en est l'objectif. On ne peut pas dire : « L'homme est composé d'âme et de corps », car ainsi on les sépare l'un de l'autre. La finité du vivant consiste en ce que l'âme et le corps soient séparables.

L'immédiateté de l'être est la manière de l'être-là de l'idée. L'idée est seulement pour soi. La forme de l'idée est l'être, la nature. L'idée n'est pas là pour soi.

1. *Boden.*
2. *Hervorbrechen.*

Ad § 166

Le processus du vivant avec la nature inorganique présente de façon
180 développée l'*idéalisme*[1], qui est la vie ou l'idée spéculative | qui en tant que vie a, développe, une existence extérieure formelle.

1. La singularité exclusive mais immédiate du vivant se détermine comme l'être négatif, à savoir comme une nature présente immédiatement et ainsi extérieure inorganique qui est pour lui une *autre*, le négatif dans l'*être* selon la détermination.

2. Le vivant contient ce négatif en lui-même, il est divisé, une fois comme nature inorganique, l'autre fois comme *paraître* dans l'identité positive du vivant en lui-même, apparence qui constitue la sensation de manque et de nécessité. Pareillement, cette identité apparaît dans la nature organique comme son processus en elle-même, comme leur concept interne, d'une façon générale que son *être soit en soi un néant : point de vue de la réflexion et du rapport* des deux.

3. La néantité interne de l'autosubsistance de la nature inorganique existe comme activité du vivant, le nier étant là, cette prise de possession et assimilation, une activité qui est tout autant le processus *étant en soi* et la dialectique de la nature inorganique que, dans le vivant, l'existence de ce concept est la *subjectivité* du concept, un *être-pour-soi*, qui a donc pour cette raison essentiellement non pas une direction vers l'extérieur, mais vers soi, le négatif de son propre négatif et un rapprochement avec soi : le surgissement du spéculatif.

181 | L'inorganique est la vie.

Le négatif paraît dans le vivant même, il est la relation positive à soi-même, cette négation est aussi le vivant en soi. Cette apparition est ce que nous nommons manque et besoin, la pulsion du vivant en général.

La nature inorganique est la contradiction en soi-même, elle tend à s'annihiler et à passer dans son contraire. La nature inorganique paraît dans la vie et inversement. La vie cherche à supprimer la nature inorganique et à la rendre identique à soi. Les deux sont cependant encore opposées l'une à l'autre, et le tiers est l'activité.

Le vivant a une activité, celle-ci est l'extérieur. La vie s'extériorise, comme moment passager, dans le mécanisme, mais aussi dans le chimisme.

1. *Idealismus.*

La nature inorganique comme mécanisme et chimisme sont des concepts qui ne contredisent pas son activité.
La vie est la dialectique de l'inorganique. C'est l'unité négative de différenciés qui sont eux-mêmes la totalité.

Le 11 septembre, p.

Ad § 168

Le processus du genre[1] est l'unité du premier et du second, de la simple relation de la vie à soi et de la division[2] de celle-ci en soi dans un monde, au contraire, autosubsistant. Le résultat de ce processus est finalement que l'idée de l'immédiateté en tant que vie se purifie et se libère ; il est redoublé par le fait que la vie elle-même a, dans son immédiateté, la détermination redoublée : [premièrement, d'être] la vie en soi ou dans son concept universel et, deuxièmement, d'être la même comme singulier dans son immédiateté. Selon le premier aspect, le cours de la vie a pour résultat que sa singularité ou le vivant qui a été supposé immédiat *vient au jour*[3]. Selon le second, le résultat est le genre, dans lequel la singularité immédiate sombre[4]. Mais, comme ce résultat est aussi bien retour négatif en soi, | la singularité y est aussi bien conservée, rassemblée en elle-même[5] et ainsi comme universelle, ou bien c'est le genre étant pour soi qui est venu au jour, la liberté de l'idée, la connaissance, dont l'être-pour-soi se sépare en deux idées, comme le genre en deux sexes. **182**

Le 12 septembre 1817. Très beau temps

Ad § 169

L'idée libre, qui n'est pourtant plus l'immédiateté de la singularité, mais qui a plutôt le concept et tout d'abord son universalité comme forme de son existence, est *savoir*. Le concept a un contenu dont le négatif est immédiatement comme un supprimé, la pensée universelle. C'est le concept même qui a en somme [un] être-là, car de même que l'objet est

1. *Gattung.*
2. *Entzweiung.*
3. *Hervorgeht.*
4. *Untergeht.*
5. *Zusammengegangen.*

la fin dans l'idéalité, ici, son universalité s'est déterminée : comme la forme, comme universalité étant pour soi. Le concept est encore la fin pleine[1], non seulement formelle, remplie[2] par soi-même comme contenu et en soi par la totalité de la vie, par l'idée. D'abord, cette identité est l'abstrait ou [c'est] elle en tant que différenciée de la forme. Le contenu a seulement la forme de l'universalité abstraite ; la totalité concrète qu'il est en soi est ainsi déterminée comme un *autre*, un étant immédiat. Le connaître qu'est le savoir est, en tant que se remplissant du contenu concret, tout d'abord une identité seulement relative à l'idée objective. C'est une aspiration[3] ; l'identité à celle-ci est cependant la *fin*[4]. L'opposition du savoir contre elle est en même temps déterminée comme un néant, parce que le savoir est en soi l'idée absolue.

Le concept a un contenu qui est sa forme absolue. – Le contenu est l'universel : la pensée. – Le différencié est un universel. – Le penser pur et l'intuition pure sont une seule et même chose, l'abstraction du concept étant en et dans soi, le moi pur où il n'y a aucun autre, le connaître libre, pur. Le concept pur est l'idée pure. Le contenu est
183 alors | un supprimé. – Le concept comme immédiat n'a pas encore d'être-là. Le nous est le concept même, et l'unité du nous avec le concept est ainsi fondée. – Le concept issu de l'idéalité de l'objet est le supprimé.

Il est toutefois question ici du concept comme vie. L'idée subjective est certitude d'elle-même ; cette certitude, de n'être qu'abstraitement, elle cherche elle-même à la supprimer. Le connaître est la

Le 12 [septembre], p.

plénitude[5] du savoir. Le savoir est l'identité abstraite avec soi. Il sait son unité avec le monde objectif. La vérité du savoir est seulement la vérité finie, car chez elle les bornes ne sont pas supprimées. Le connaître se pose comme savoir subjectif qui doit rester subjectif. Le connaître ne doit pas pouvoir recueillir en lui l'objectif.

1. *Erfüllt.*
2. *Erfüllt* : Hegel joue sur les deux sens du même mot *erfüllen* : remplir et accomplir.
3. *Streben.*
4. *Zweck.*
5. *Erfüllen.*

Ad § 172

L'idée qui est ou le monde trouvé devant [soi] vaut pour le connaître, *l'idée théorique*, comme *l'étant en et pour soi*, parce que le connaître n'est immédiatement rien que l'universalité abstraite, celle-ci est cependant déterminée comme totalité concrète. Ce contenu vaut ainsi pour le connaître comme quelque chose qu'il

1. doit recueillir en lui *tel qu'il est* et il pose ainsi la *vérité*. Mais

2. poussé par la nécessité de son concept toujours concret en soi, il ne laisse pas valoir ce contenu comme vrai dans son immédiateté mais le transforme en des déterminations conceptuelles plutôt que de se comporter uniquement de manière passive, de telle sorte que son activité procède inconsciemment de la nécessité des moments conceptuels.

> Le savoir est la certitude de soi-même. Le *est* du monde est un abstrait. On ne comprend pourtant pas seulement par là cet abstrait, mais l'être plein de contenu [du monde]. Il arrive que le connaître, sans qu'il le sache, y pose des déterminations conceptuelles.

|Le premier chemin qu'il prend commence avec l'être immédiat, **184**
singulier et dispersé et il le change en la forme abstraite de l'universalité : *chemin analytique*, en tant qu'il considère cette activité seulement comme quelque chose de subjectif, comme négation extérieure du singulier, comme un laisser de côté, un abstraire, [en tant qu'il] *pense recevoir* les formes déterminées de cette universalité, qui sont logiques, dans la *matière* et prend le donné, l'immédiat, le singulier pour le *fondement de la vérité* de l'universel.

> Le chemin analytique en général commence dans le particulier et transforme toujours celui-ci en universel. Le [chemin] synthétique commence à l'universel déterminé et procède vers le concret déterminé.
> Le penser se saisit et n'en reste pas à cet [élément] bariolé[1], mais il va vers l'universel et se cherche là. La philosophie ne doit pas montrer d'ingratitude envers d'autres sciences qui appréhendent la matière empirique *in concreto*, la conduisent vers l'universel, l'abstrait, pour la laisser ensuite à la philosophie.

1. *Vielfarbig*.

Le chemin analytique tient quelque chose pour vrai parce que le singulier révèle la vérité, puisque l'abstrait est plutôt pour lui le non-vrai.
Kepler vit qu'il s'y était trompé aussi. Car le fondement du vrai n'est pas en cela. La philosophie reconnaît que ce n'est pas la singularité mais la loi qui est le vrai, ayant un tout autre fondement que l'empirie.
Le singulier ne donne pas le fondement à l'espèce[1], par exemple, concernant les animaux. Le genre est le concept libre; le singulier peut être bon et mauvais, on n'a pas encore le concept; c'est pour cela que l'on ne peut jamais saisir la pensée de l'universel à partir du singulier. Le singulier est lui-même la négation de sa singularité. La dialectique est l'abstraction d'elle-même.

185 | *Ad* § 174

Le chemin inverse de l'analytique est le synthétique. Il commence avec l'universel et sa déterminité de contenu, elle-même universelle et simple, et procède à la présentation développée de celle-ci comme nécessité du connaître.

13 septembre, très beau temps

L'universel est encore l'indéterminé; en tant qu'universel vide, il serait la chose en soi. Seulement, le synthétique ne débute pas ici, mais par les déterminations-de-concept[2]. Elles ne sont encore toutefois que des déterminations de concept extérieures les unes aux autres; c'est pour cela que l'on ne parle ici que d'un connaître fini. Le synthétique commence donc avec l'universel dont la déterminité est posée et donnée dans l'universel. Cette universalité est alors déterminée. Dans la nécessité, de telles déterminations sont également présentes, mais réunies entre elles dans une unité.
La définition[3] est l'universel.

1. *Art.*
2. *Begriffsbestimmungen.*
3. *Definition.*

Ad § 175

1. La définition contient

A. un objet singulier, qui est donné immédiatement à la représentation,

B. son genre, l'unité concrète, substantielle,

C. sa particularité déterminée, différence *spécifique*, un *élément caractéristique*[1] pour la différenciation extérieure. La définition présente de cette manière, mais extérieurement, l'objet dans les moments du concept.

2. L'objet et sa définition n'est rien de nécessaire, mais plutôt un présupposé accepté immédiatement et assertorique; la vérification consiste dans l'induction du chemin analytique, laquelle :

| A. ne peut jamais être complète et **186**

B. propose toujours des instances de cas particuliers qui appartiennent, selon la représentation, à l'objet universel de la définition, mais dont les autres déterminations découvertes [sont] déficientes ou, dans des situations singulières, n'expriment rien du tout.

> En mathématique, les lois et représentations de la physique sont [des] présupposés; la physique a ses présupposés à son tour. Tout repose dans la définition. Le singulier et le genre du concept y sont exprimés. – Tous les moments du concept se retrouvent en elle. Cependant, ce n'est que le concept universel, le matériau du concept, qui est présent. L'élément caractéristique[2] qui doit permettre de repérer le concept, de le différencier, est ici particulièrement mis en avant. Mais le concept est toujours présupposé, pris comme quelque chose de donné, présupposé. Ainsi, p. ex., quand il s'agit de définir le droit, le devoir, etc., on présuppose déjà le droit, le devoir, etc. Mais d'autres contesteront que ces objets n'existent que dans le sujet, et qu'ils ne sont d'ailleurs pas objectivement, par exemple que le droit ne repose que sur des déterminations arbitraires, le devoir seulement sur l'éducation, Dieu uniquement sur une image de la pensée, et que, en soi, rien de cela n'existe. Aussi, si j'assure à quelqu'un d'autre que ces objets existent effectivement dans ma représentation, il soutient le contraire à partir de sa subjectivité.

1. *Merkmal.*
2. *Merkmal.*

Il y a toujours également des instances contre de telles déterminations ; par exemple, dans un pays quelque chose vaut comme droit, dans un autre pays, ce sera tout le contraire. Par exemple, la liberté est un droit de l'homme. Le vol est interdit. Dans certains pays, on peut avoir des esclaves. En Lacédémonie, le vol pouvait être pratiqué à certaines conditions.

On a donné différentes déterminations des animaux, par exemple, l'animal est un être qui se meut lui-même d'un endroit à un autre. Cependant, il y a aussi des animaux immobiles. L'animal est le
187 | digérant qui absorbe la nourriture de l'extérieur. La chrysalide n'absorbe pas de nourriture, ne se produit pas.

Ad § 176

La division[1] exige :

1. une raison de la division, qui est un côté de la chose pris empiriquement, laquelle en a plusieurs, et puis

2. une énumération exhaustive des espèces ou aspects[2], qui est également empirique.

Par exemple, les triangles sont organisés d'après l'angle ou le côté[3]. Ce sont les raisons de la division. Le droit et le devoir présentent plus d'aspects, ce qui explique les organisations nombreuses. – Il y a de toute façon beaucoup de raisons de division sur lesquelles on est en désaccord, et qui sont, à chaque fois, considérées comme essentielles parce que cela dépend souvent du hasard et des circonstances ; par exemple, pour la division de la nature et de ses objets. L'exhaustivité reste encore très empirique. Ainsi a-t-on trouvé, par exemple, 74 perroquets différents. Ensuite, on en a découvert d'autres. Ces recherches sont mauvaises et inutiles.

Le théorème exige une médiation qui est la preuve.

Le 15 septembre, très beau temps

Par exemple, le théorème du carré de l'hypoténuse affirme que celui-ci doit être de grandeur égale aux carrés des cathètes.

1. *Einteilung.*
2. *Seiten.*
3. *Seite.* Nous traduisons même mot *Seite* peut se traduire par *aspect,* ou ici inévitablement par *côté.*

– Pour cela, il faut un pont, c'est-à-dire un moyen par lequel le théorème peut être résolu.
La construction appartient à la preuve. Il faut ici tracer les lignes tout à fait à l'aveugle. Ce n'est que par la construction que la preuve est ensuite établie. – La construction est alors un moyen pour la preuve et doit la précéder, elle appartient en propre au théorème.
| Démontrer la suite des médiations est proprement la preuve. **188**
– Cette méthode avait jadis une grande autorité, et on la considérait comme la méthode absolue pour la connaissance synthétique ; elle l'est aussi pour l'entendement. On la tenait aussi pour la méthode absolue pour la connaissance philosophique. *Descartes*, *Spinoza*, et maintenant de nouveau *Schelling* la suivent. Ils établissent des définitions, des théorèmes, des conclusions, etc.
Seulement, elle est contraire à la connaissance philosophique parce que cette façon d'établir a toujours un présupposé. L'intuition intellectuelle est première et n'a pas d'autre contenu que l'absolu ou Dieu, tandis que l'explication ou la vérification n'est que le subjectif même.
La preuve est dans son fondement un produit du hasard d'un génie. La nécessité est certes extérieure, elle a cependant son essence dans le concept.

Ad § 178

L'idée théorique qui est abstraite et par là extérieure à soi se réalise ainsi dans le connaître en mettant au jour à partir d'elle-même la suite des moments du concept comme formes subjectives. Mais dans la nécessité de la preuve, cette relation extérieure disparaît ainsi que la simple acceptation d'un donné immédiat. Dans cette nécessité, le connaître a l'identité objective en lui, à la place de l'identité tout d'abord formelle et des formes du concept qui reposent en dehors d'elle et les unes en dehors des autres. Il intuitionne ainsi la forme du concept et le principe de l'être-déterminé-en-soi-et-pour-soi ou du concret en lui-même : *idée du vouloir*.

La nécessité contient l'identité des différenciés comme identité. Ceci est la forme, la détermination du concept. – Le connaître n'a plus simplement en tant que savoir l'identité formelle, mais l'identité concrète comme objet, et ainsi le savoir passe dans le vouloir.
| À travers le vouloir, l'homme s'approprie le connaître selon le **189**
contenu.

Ad § 179

15 septembre, p. Le savoir a comme idée pratique dans le concept du bien, l'objectivité abstraite en soi-même, qui est encore subjective et non encore réalisée, parce que le savoir n'a produit dans le connaître alors que l'unité *étant en soi* de lui-même et de l'objectif ou bien pour soi seulement l'identité *formelle* des deux, en dehors de laquelle le monde objectif a sa déterminité propre ou plutôt semble seulement l'avoir. La fin de la réalisation du bien contient ceci :

1. que le savoir se comporte en se déterminant purement à partir de soi-même et que l'être immédiat soit *posé* par cela même,

2. que le pur être-en-soi du bien soit supprimé et qu'il parvienne à l'être immédiat, et que donc cette activité posante se supprime elle-même.

> Dans le savoir, l'unité du subjectif et de l'objectif est supposée; pourtant, cette unité est seulement unilatérale. Le sujet accueille bien le monde extérieur en lui, mais telle qu'il est en soi. Cet *est* est ici seulement un extérieur.

Ad § 181

L'activité[1] grâce à laquelle le bien doit venir au jour ne réussit pas à le réaliser, puisqu'elle est présupposée et retenue comme un faire subjectif et le bien comme une fin subjective contre une nature établie également comme présupposée, étrangère au bien et répondant à ses propres lois.

190 | C'est cependant le point de vue de la *finalité extérieure*, *finie* qui a ici disparu. La volonté qui est active pour l'idée du Bien est le savoir de la raison déterminée en et pour soi, de la fin *objective*, qu'elle contient en soi-même. En tant qu'activité envers une objectivité extérieure, elle supprime également avec celle-ci, qui ne peut lui opposer aucune résistance, en même temps sa position subjective, sa vision d'un combat et d'une direction hostile envers le monde extérieur et retourne plutôt en elle-même dans l'objectivité du monde, c'est-à-dire qu'elle trouve le but final absolu réalisé en et pour soi. L'activité de la volonté n'est donc pas dirigée contre l'objectif dans sa vérité, mais seulement contre la contingence qui se manifeste en lui, c'est-à-dire contre ce même point de vue sur lequel la

1. *Tätigkeit.*

volonté se fixe en position hostile contre l'objectivité. L'activité a donc seulement la fin formelle d'écarter les obstacles de cette réalité absolue, pour qu'elle vienne au jour pour elle-même, et seulement pour la *conserver* telle qu'elle est.

L'activité est donc ce à travers quoi l'idée absolue s'aliène, mais où cette aliénation[1] se supprime en même temps.

Le 16 septembre, temps pluvieux

La vie ou l'idée subjective se projette hors de soi. L'idée ne doit pas rester enfermée en soi, mais doit se poser en dehors de soi.

L'homme commence à être actif dans le monde. Comprenant qu'il ne trouve pas le bien réalisé en dehors de lui tel qu'il le porte en lui, il commence à entrer en lutte avec [le monde]. Finalement, il abandonne la lutte[2] et se rend au monde. Tous les romans en témoignent. L'homme reconnaît à la fin qu'il n'a pas à lutter contre le monde mais contre lui-même. Il se réconcilie donc avec le monde. Nous observons cet abandon de la lutte contre l'extérieur aussi chez des hommes actifs spirituellement, par exemple, chez des hommes contemplatifs, etc.

L'esprit est l'actif et seul libre.

L'esprit doit se libérer, cela signifie qu'il doit être auprès de lui-même dans le | monde objectif tout en étant conscient que son acti- 191
vité intérieure n'est pas seulement l'idée abstraite mais l'idée accomplie elle-même. L'aller-au-dehors[3] est l'attente de la vision [des choses][4]. En tant qu'il se libère ainsi lui-même, l'esprit libère le monde, se trouve lui-même dans le monde comme un être immédiat. – Il arrive à la connaissance que l'objectif est l'étant immédiatement en et pour soi, considéré selon l'essence.

Vouloir, c'est mettre au jour l'identité de l'idée subjective et objective.

L'idée absolue n'est pas l'essence dans le sens où tout le reste serait l'inessentiel, mais seulement dans le sens où elle est elle-même ce qui met au jour, ce qui prépare.

1. *Entfremdung.*
2. *Kampf.*
3. *Hinausgehen.*
4. *Einsicht.*

Ad § 183

La vérité est l'adéquation du subjectif et de l'objectif. Le concept n'a rien d'autre que lui-même pour objet. Il n'y a pour lui aucun autre contenu. Il est la vérité, l'idée qui se pense elle-même, la totalité absolue. L'étape[1] la plus élevée du savoir est ce penser de soi-même comme idée absolue.

Il n'y a ici aucune déterminité non-fluide et opaque. Forme et contenu ne font qu'un. Le contenu n'est rien d'autre que la forme. Le sérieux ultime était celui de la volonté, qui avait encore le bien comme fin. Dans l'idée, la forme pure est elle-même en tant qu'identique à soi. Il n'y a plus aucun objet étranger.

La totalité de l'idée absolue n'est elle-même rien d'autre que la forme absolue elle-même.

Le savoir pur, la lumière pure de la raison ne fait ici qu'un avec l'idée.

Ad § 184

La méthode absolue est le concept dans la totalité de sa détermination de forme, en tant que le savoir le sait comme son propre faire et mouvoir, mais aussi bien comme le propre cours[2] et la détermination [propre] de son contenu.

192 | Le savoir absolu est en tant qu'intuitionner ou simple appréhender formel l'universel pur identique en soi, qui autorise le contenu concret se différenciant en soi et pour soi et qui se comporte seulement comme sa contemplation calme, accueillante : côté analytique, point de vue réaliste. Toutefois, il est également l'activité même du concept pour qui le contenu en tant que tel n'est que comme identité abstraite, vide, qui reçoit toute sa déterminité de l'activité intelligente : côté synthétique, point de vue idéaliste. Ici, les deux côtés sont tout à fait réunis en un seul ; la méthode est à considérer uniquement comme la forme universelle à laquelle il arrive aussi de supprimer sa différence par rapport au contenu.

16 [septembre], tempore vespertino 6-7

1. *Stufe.*
2. *Verlauf.*

La fin est le présenter pur, simple de l'essence, la forme; la fin absolue est la forme pure qui est une avec le contenu absolu. La méthode euclidienne des mathématiques peut être considérée comme une vraie prouesse[1]. Tout y procède calmement et simplement; les aspects et les formes ont la nécessité en leur fondement. Mais ce connaître a toutefois un objet purement fini, abstrait et vide en son fondement, parce que l'on ne part pas du Moi, de l'identité simple.
La méthode est à considérer seulement comme la forme simple; l'agir subjectif ne fait qu'un avec l'objectif dans l'identité absolue. Dans la philosophie spéculative de l'identité, l'activité absolue ne fait qu'un avec l'être objectif.
C'[est] le concept en [et pour] soi.

| *Ad* § 185 193

Que quelque chose soit *immédiat* et que ce soit le concept *en soi*, [cela] est équivalent dans l'idée, et c'est précisément cette unité qui est l'idée abstraite même; que l'étant, l'immédiat, le vivant sensible *en soi* soit le concept, c'est la pensée de la raison contre le savoir sensible; et, inversement, que ce qui est seulement le concept *en soi* ou ce qui est en soi tout court, soit seulement la déterminité de l'être, seulement une négation, c'est aussi bien la pensée rationnelle contre le savoir fini réfléchissant qui retient le concept dans l'être et dans l'être-en soi. Reconnaître l'être, c'est-à-dire l'identité immédiate avec soi, c'est le penser philosophique spéculatif. Dans ce *premier* moment de la méthode, il est sous deux aspects: le *nous*[2] [et] *l'être-en-soi* ou l'universel et l'étant différencié. L'idée contient ces deux moments. Dans la mesure où, dans le commencement, sa différence n'est pas encore posée, elle est alors seulement *en soi* ou *en nous*.

Le savoir sensible s'en tient au positif. Pour le savoir sensible, la vie a la forme de l'être. Le savoir spéculatif est ce qui maintient fermement le concept. Le savoir réfléchissant ne reste pas simplement dans l'extérieur, mais rentre dans soi, dans l'intérieur. Cet intérieur vaut alors pour lui comme seul positif, et l'extérieur vaut comme simple apparence.

1. *Kunststück.*
2. *Wir.*

Le savoir réfléchissant a le relatif en face de lui et est un simple fini, parce qu'il se tient là comme simple médiation et que l'identité absolue lui échappe toujours.

Les aspects des choses sont des apparitions extérieures.

Le 17 septembre, aujourd'hui beau temps

L'analytique commence avec l'être tel qu'il est donné dans l'expérience. Le synthétique, au contraire, commence avec l'abstrait. Dans le connaître analytique, le fondement est pris
194 du dehors | et il reste ainsi sur place. La même chose arrive avec le connaître synthétique. Mais l'idée est le progrès[1] même, elle est le jugement, le concept différencié en soi-même. Le progrès est immanent en elle. Ainsi, le commencement est posé comme commencement, en premier le négatif; c'est le premier même posé dans sa déterminité.

Le principe du procès synthétique est la différence, et non pas l'abstrait.

Ad § 186

Le premier universel est une *définition*[2] présupposée dans la mesure où il a sa détermination grâce à l'idée, ou qu'il est résultat; mais il se définit lui-même de manière tout aussi essentielle, c'est-à-dire qu'il se détermine sans qu'une déterminité d'un contenu propre vienne en lui parce que la détermination consiste en ce que ce premier universel, puisqu'il est en soi le concept, soit en tant que tel plutôt un particulier, l'indétermination comme telle cette déterminité. En tant qu'universel, la déterminité est alors négation simple, un fondement de la division. Mais, en tant que différence en soi, elle est immédiatement particularisation et la définition ainsi également *division*, laquelle n'est rien d'autre que l'abaissement propre de l'universel lui-même à un particulier, de telle façon que cet universel même est un membre de sa division et l'autre seulement posé comme son négatif. L'être en soi du concept commence précisément en ce moment à venir au jour tel qu'il est, comme *négatif*.

1. *Fortgang*.
2. *Definition*.

Ce deuxième moment est, pris abstraitement, la relation d'un positif à un négatif, le point de vue ferme de la finité en général ou de la réflexion, du paraître de l'autre en l'autre. Ici le spéculatif se sépare du point de vue de la réflexion, à savoir que le premier est maintenant la pure appréhension de ce qui est déjà présent, c'est-à-dire que le second moment n'est pas seulement *en soi* le troisième, parce que | ce qui est posé comme *positif*, être immédiat, **195**
universel, est déjà *en soi* la négation, mais [parce que] dans cette relation du même à un négatif il est aussi posé comme un négatif, par quoi l'identité infinie est déjà *présente*. Ce progrès est *construction immanente* et *preuve immanente*, dont la philosophie supérieure, c'est-à-dire la philosophie, est seule capable.

Le début d'une science est un présupposé purement immédiat, qui a sa détermination dans l'idée, comme on a montré que l'être était une négation pure de l'idée. Il n'y a aucun présupposé absolu. Le sensible présuppose un être. *Définition* vient de *finis*; en grec, elle s'appelle ὁρισμός, de ὅρος, limite. – Elle est la déterminité.
L'universel est en soi le concept. Le vrai est seulement un processus unilatéral, le faux est seulement la dialectique[1], seulement le supprimer. L'universel est en soi le concept, la totalité. Mais c'est précisément cet *être-en-soi* qui fait de lui en même temps une négation et ainsi un particulier.
La réflexion reste dans la finité, parce que, en elle, le positif et le négatif se font face de façon constante.

Ad § 189

17 septembre 1817, temps pluvieux

La méthode est la forme sachante. – Les déterminations de concept sont [un] contenu dans la mesure où elles sont en soi-même la totalité du concept.

Le terme[2] comme identité des moments premiers, idéels est comme telle contre eux, contre la forme, indifférent, le *contenu* [est] le concept *posé*; en tant que forme, en même temps, en lui même, il est *déterminé* et se *divise* aussi pareillement. Cette division est *réelle*; les moments sont, en tant que posés ou idéels, dans le contenu. C'est ici le point où le premier,

1. *Dialektik*.
2. *Ende*.

196 l'idéel, est passé dans le deuxième, dans le syllogisme de | la réalité, dans lequel les côtés de l'opposition – dans leur déterminité idéelle – sont en même temps comme totalité du concept, ou, en rapport à la méthode, c'est le point où ils apparaissent dans le contenu même. Ce contenu est l'immobile contre la déterminité dans laquelle il est posé, ce qui impulse, et l'*activité*, la dialectique propre immanente et en même temps posée. Ici apparaît alors le double, pour que son identité vienne au jour à partir des déterminations idéelles ou de la médiation, et du même coup, [pour que] cette identité, le concept, l'unique contenu des deux côtés, aille immédiatement en lui-même, se manifestant ici à la fois comme le résultat du processus et comme l'universel, immobile et originel; ce en quoi le mouvement vers le simple se supprime avec *l'être pour soi* identique à *l'être en soi*. Cela fait que le concept se ramène à l'idée qui est ainsi le processus calme, arraché à la nécessité, libre : le troisième syllogisme.

> La lumière et l'obscurité sont les moments idéels, leur unité est la couleur; la couleur se divise encore. Ainsi l'être et l'essence sont des moments idéels, le concept leur unité. Celui-ci se divise encore, comme nous [l'avons] vu.
>
> La méthode comme la forme qui se sait elle-même n'est plus différenciée du contenu. Le concept comme contradiction est l'activité. L'activité ne met rien au jour, mais plutôt ce qui doit venir au jour doit déjà avoir été là en et pour soi, et l'activité n'est qu'un trouble[1], une apparence, à partir de laquelle vient au jour la manifestation.

Ad § 191

L'idée spéculative qui se sait elle-même est autant l'une[2], l'idée qui
197 contient tout dans son universalité en tant qu'essence vraie | et la *figure*[3] absolue de la vérité ou la vérité pure présente à elle-même. Mais elle est en même temps figure qui s'abaisse à être comme un membre d'elle-même et dans l'universalité abstraite à devenir sa présupposition immédiate, c'est-à-dire à être *nature*, idée intuitionnante ou immédiate, mais qui est autant résultat que création[4] et ainsi seulement le fondement à partir duquel elle doit devenir *pour soi*, en tant qu'il est un *moment* de sa liberté et que, dans

1. *Trüben.*
2. *Die Eine.*
3. *Gestalt.*
4. *Schöpfung.*

l'immédiateté [de celui-ci] comme dans la perte d'elle-même, elle est absolument sûre d'elle-même.

> L'être spirituel est l'idée absolue même. Le concept comme l'idée se contemplant elle-même est la nature.
>
> Cet aller en soi n'est pas seulement pour nous, mais il est l'idée se divisant, se déterminant elle-même, se posant.
>
> L'idée absolue est immédiatement nature. En tant que nature, elle est le fondement que reçoit la nature ; le pouls qui s'élève.
>
> Cette idée immédiate comme un être-posé est encore un autre moment d'elle-même, un moment de la liberté.
>
> Cette idée se sachant elle-même est le soi logique ; avec celui-ci, par lequel nous avons commencé la logique, nous devons donc aussi la clore.

FIN LE 17 SEPTEMBRE 1817

INDEX NOMINUM

TABLE DES MATIÈRES

G. W. F. HEGEL

LEÇONS SUR LA LOGIQUE ET LA MÉTAPHYSIQUE

Achevé d'imprimer par Corlet Numérique - 14110 Condé-sur-Noireau
N° d'Imprimeur : 143693 - Dépôt légal : décembre 2017 - *Imprimé en France*